中国古代教育

李楠 陈幼实 编著

中国商业出版社

图书在版编目（CIP）数据

中国古代教育／李楠，陈幼实编著． -- 北京：中国商业出版社，2014.12

ISBN 978 - 7 - 5044 - 8542 - 7

Ⅰ．①中… Ⅱ．①李… ②陈… Ⅲ．①教育史 - 中国 - 古代 Ⅳ．①G529.2

中国版本图书馆 CIP 数据核字（2014）第 299152 号

责任编辑：常松

中国商业出版社出版发行

010 - 63180647   www. c - cbook. com

（100053 北京广安门内报国寺 1 号）

新华书店总店北京发行所经销

北京飞达印刷有限责任公司

＊

710×1000 毫米   16 开   12.5 印张   200 千字

2015 年 11 月第 1 版   2015 年 11 月第 1 次印刷

定价：25. 00 元

＊   ＊   ＊   ＊

（如有印装质量问题可更换）

序　言

　　中国是举世闻名的文明古国，在漫长的历史发展过程中，勤劳智慧的中国人，创造了丰富多彩、绚丽多姿的文化，可以说人创造了文化，文化创造了人，这些经过锤炼和沉淀的古代传统文化，凝聚着华夏各族人民的性格、精神、智慧，是中华民族相互认同的标志和纽带。在人类文化的百花园中摇曳生姿，展现着自己独特的风采，对人类文化的多样性发展做出了巨大贡献。中国传统民俗文化内容广博，风格独特，深深地吸引着世界人民的眼光。

　　正因如此，我们必须深入学习贯彻十八届三中全会精神，按照中央的规定，加强文化建设。2006 年 5 月，时任浙江省委书记的习近平同志就已提出："文化通过传承为社会进步发挥基础作用，文化会促进或制约经济乃至整个社会的发展。"又说："文化的力量最终可以转化为物质的力量，文化的软实力最终可以转化为经济的硬实力"（《浙江文化研究工程成果文库总序》）。今年他去山东考察时，又再次强调：中华民族伟大复兴，需要以中华文化发展繁荣为条件。

　　学习习近平同志的重要讲话，确可体会到，在政治、经济、军事、社会和自然要素之中，文化是协调各个要素协同发展、相关耦合的关健。正因为此，我们应该对华夏民族文化进行广阔、全面的检视。我们应该唤醒我们民族的集体记忆，复兴我们民族的伟大精神，发展和繁荣中华民族的优秀文化，为我们民族在强国之路上阔步前行创设先决条件。

实现民族文化的复兴，更必须传承中华文化的优秀传统。现代中国人，特别是年轻人，对传统文化十分感兴趣，蕴含感情。但当下也有人对具体典籍、历史事实不甚了解，比如说，中国是书法大国，谈起书法，有些人或许只知道些书法大家如王羲之、柳公权等等的名字，知道《兰亭集序》是千古书法珍品，仅此而已。再比如说，我们都知道中国是闻名于世的瓷器大国，中国的瓷器令西方人叹为观止，中国也因此而获得了"瓷器之国"（英语china的另一义即为瓷器）的美誉。然而关于瓷器的由来、形制的演变、纹饰的演化、烧制等等瓷器文化的内涵，就知之甚少了。中国还是武术大国，然而国人的武术知识，或许更多地来源于一部部精彩的武侠影视作品，对于真正的武术文化，我们也难以窥其堂奥了。我们还是崇尚玉文化的国度，我们的祖先，发现了这种"温润而有光泽的美石"，并赋予了这种冰冷的自然物以鲜活的生命力和文化性格，例如"君子当温润如玉"、女子应"冰清玉洁"、"守身如玉"；"玉有五德"，即"仁"、"义"、"智"、"勇"、"洁"，等等。今天，熟悉这些玉文化的内涵的国人，也为数不多了。

也许正有鉴于此，有忧于此，近年来，已有不少有志之士，开始了复兴中国传统文化的努力，读经热开始风靡海峡两岸，不少孩童乃至成人，开始重拾经典，在故纸旧书中品味古人的智慧，发现古文化历久弥新的魅力。电视讲坛里一波又一波对古文化的讲述，也吸引着数以万计的人们，重新审视古文化的价值。现在放在读者眼前的这套"中国传统民俗文化丛书"，也是这一努力的又一体现。我们现在确应注重研究成果的学术价值和应用价值，充分发挥其认识世界、传承文化、创新理论、咨政育人的重要作用。

中国的传统文化内容博大，体系庞杂，该如何下手，如何呈现？这套丛书处理得可谓系统性强，别具心思。编者分别按物质文化、制度文化、精神文化等方面来分门别类地进行组织编写，例如在物质文化的层面，就有中国古代纺织、中国古代酒具、中国古代农具、中国古代青铜器、中国古代钱币、中国古代石刻、中国古代木雕、中国古代建筑、中国古代砖瓦、中国古代玉器、中国古代陶器、中国古代漆器、中国古代桥梁等等。

在精神文化的层面,就有中国古代书法、中国古代绘画、中国古代音乐、中国古代艺术、中国古代篆刻、中国古代家训、中国古代戏曲、中国古代版画等等;在制度文化的层面,就有中国古代科举、中国古代官制、中国古代教育、中国古代军队、中国古代法律等等。

此外,在历史的发展长河中,中国各行各业还涌现出一大批杰出的人物,至今闪耀着夺目的光辉,启迪后人,示范来者,对此,这套丛书也给予了应有的重视,中国古代名将、中国古代名相、中国古代名帝、中国古代文人、中国古代高僧等等,就是这方面的体现。

生活在 21 世纪的我们,或许对古人的生活颇感好奇,他们的吃穿住用如何? 他们如何过节? 如何安排婚丧嫁娶? 如何交通? 孩子如何玩耍? 等等。这些饶有兴趣的内容,这套中国传统民俗文化丛书,都有所涉猎,例如中国古代婚姻、中国古代丧葬、中国古代节日、中国古代风俗、中国古代礼仪、中国古代饮食、中国古代交通、中国古代家具、中国古代玩具、中国古代鞋帽等等,这些书籍介绍的,都是人们深感兴趣,平时却无从知晓的内容。

在经济生活的层面,这套丛书安排了中国古代农业、中国古代纺织、中国古代经济、中国古代贸易、中国古代水利、中国古代车马、中国古代赋税等等内容,足以勾勒出古人经济生活的主要内容,让今人得以窥见自己祖先曾经的经济生活情状。

在物质遗存方面,这套丛书则选择了中国古镇、中国古楼、中国古寺、中国古陵墓、中国古塔、中国古战场、中国古村落、中国古街、中国古代宫殿、中国古代城墙、中国古关等内容。相信读罢这些书,喜欢中国古代物质遗存的读者,已经能大致掌握这一领域的大多数知识了。

除了上述内容外,其实还有很多难以归类却饶有兴趣的内容,例如中国古代的乞丐这样的社会史内容,也许有助于我们深入了解这些古代社会底层民众的真实生活情状,走出武侠小说家们加诸他们身上的虚幻不实的丐帮色彩,还原他们的本来面目,加深我们对历史真实的了解。继承和发扬中华民族几千年创造的的优秀文化和民族精神是我们责无旁贷的历史责任。

不难看出，单就内容所涵盖的范围广度来说，有物质遗产，有非物质遗产，还有国粹。这套丛书无疑当得起"中国传统文化的百科全书"的美誉了。这套书还邀约了大批相关的专家、教授参与并指导了稿件的编写工作。应当指出的是，这套书在写作中，既钩稽、爬梳大量古代文化文献典籍，又参照近人与今人的研究成果，将宏观把握与微观考察相结合。在论述、阐释中，既注意重点突出，又着重于论证层次清晰，从多角度、多层面对文化现象与发展加以考察。这套丛书的出版，有助于我们走进古人的世界，了解他们的美好生活，去回望我们来时的路。学史使人明智。历史的回眸，有助于我们汲取古人的智慧，借历史的明灯，照亮未来的路，为我们中华民族的伟大崛起添砖加瓦。

　　是为序。

傅璇琮

2014 年 2 月 8 日

前 言

    中国古代教育史来自对古代遗迹的考证与猜想，来自古人的史书记载，来自史学家的重新拼接……无论哪种形成方式，它都是对古代教育事实的一种重现，都是对客观教育事实的一种主观重构。教育史是教育事实的一种折射，是古代教育创造者的杰作，它的存在不以人的意志为转移，在无形中参与着当前教育实践的形成与发展。通过对教育史的了解，我们可以以史为鉴，在读史、说史、评史中获得一种对待教育事实、教育问题的眼光、立场与智慧。

    通过分析我国古代教育的发展历程可以发现，我国古代教育始终与社会生产生活保持着一种若即若离的关系。从原始社会的教育与生产生活的一体化关系到奴隶社会、封建社会的学校教育与生产生活的相对脱离，再到半殖民地半封建社会时期教育与生产生活之间趋于结合的关系，都足以证明：教育与社会生产生活间的关系是古代教育延伸推进的主线，是我国古代教育发展变革的主题。

    教育在不同的历史阶段会呈现不同的特点。我国古代教育的形式是多样化的，这些教育形式的形成与特定历史阶段的社会生产力发展水平和社会经济政治状况具有十分密切的联系。人们所受教育的差异不但反映了其所处社会阶层的差异，而且有利于这种社会阶层与地位的巩固。相对于社会发展而言，教育既是社会发展的产物，又是促进社会发展的重要力量。在古代社会的任何一个发展阶段，教育都是社会生活的重要组成部分。只有认识与了解中国古代教育，认识中国古代教育发展的曲折历程，我们才能更多地了解我国古代文化宝库的炫丽多姿。

参与教育活动是青少年的义务与责任，是他们更好地参与未来祖国建设的条件与基石。如何认识教育活动、如何更好地改进教育活动，是青少年更好地接受教育活动的重要因素。历史可以告诉我们在教育历史长河中发生的点点滴滴，告诉我们创造教育的智慧与对策，让我们经由一种便捷的方式走进历史长河。

本书提供给大家的一些事实是对我国古代教育的一次回眸，是对古代教育历程的一次呈现。我们期待青少年在浏览古代教育史的过程中能够认识到"教育改变社会，教育改变人生，教育筑就命运"的道理，期待青少年在读史中将自己自觉融入教育改革洪流中去，自觉参与教育事业的变革与改进。尽管本书编写的上述意图很难全部达到，但还是希望青少年朋友们能从古代教育史的阅读中获得一些启迪。

本书是一部面向青少年普及古代教育史知识的著作，为了增加本书的可读性、趣味性和生动性，我们加入了许多鲜活的材料，希望能借此提高青少年阅读者的兴趣。

目 录

第五章　走向衰落的明清教育

第六章　中国古代家庭教育与蒙学教育

第七章　古代教育家及其教育思想

初步开端的上古与三代教育

　　早在距今200万年前，华夏大地就已经有人类存在和活动。有了人类，便有了人类社会，逐渐形成了各种各样的社会关系与社会群落。为了生产生活的需要，为了传递传承各种生产常识与经验，教育活动随之产生。人类从诞生的第一天起，就与教育活动结下了不解之缘。我国古代教育始于原始社会的原始人群时期，其后的氏族公社时期是古代教育发展中的重要阶段，此时的教育状况是原始社会教育的典型代表。我国的奴隶社会，也就是夏、商、西周时期，是古代教育雏形的形成期，显示出了学在官府、官师合一、政教合一等历史特征。

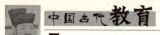

第一节
教育的产生与雏形

　　广义教育的诞生是原始社会教育发展的重要成就之一，古代教育的起源问题一直是人们热衷的话题之一。古代教育是始于神的创造还是始于早已存在于所有动物世界之中？是始于动物间的模仿行为，还是始于原始人群内部成员之间的社会交往？这些问题始终是挑战世界各国学者的课题。

🪶 中国古代教育的起源

　　马克思主义者对古代原始社会教育的起源有明确的答案："教育起源于原始人生产劳动与社会生活的需要。"

　　教育是人类社会特有的一种社会现象，只有人类才有语言，才会制造和使用生产工具，所以只有人类才有教育活动。恩格斯曾经在《家庭、私有制和国家的起源》以及《劳动在从猿到人转变过程中的作用》等著作中明确指出：劳动是使人之所以为人的关键条件，在生产劳动和社会生活中人们产生了传授生产知识经验与社会生活经验的需要，教育由此而产生，因此"教育起源于生产劳动"。教育的"劳动起源说"具有其科学依据：在 200 万年前，原始人最初的生活极其艰难困苦，他们需要依靠群体的力量，学习前人的生产、生活经验，并依靠简陋的工具同自然界做斗争，只有这样，他们才能求得生存，并获得进一步的发展。

　　在对原始人的考察中，考古学家发现：我国境内的原始人，如"巫山人"、"元谋人"、"蓝田人"、"北京人"等，他们都已经能够使用石块、骨头和自制的石器从事简单的农业生产活动，获得基本的生活资料，以满足自己的基本衣食住行所需。与此同时，尽管他们制造的劳动工具极其简单粗糙，生活范围极为有限，但他们还是积累了大量的生产劳动经验和社会生活经验。他们要把积累的制造和使用工具的方法与经验传递给下一代，需要把捕捉野兽、保护自己的经验与知识告诉年轻一代，需要把群体内的长幼秩序、食物分配规则等教给下一代，等

原始人的劳动工具

等，这就需要教育的产生。如果没有这样的代代相传，原始人将可能永远处在动物式的生活方式之中，难以从动物种群中独立出来。总之，原始人的这种传递群体生产经验和社会生活经验的需要，促进了我国古代教育活动的产生。

生产劳动是原始社会的教育内容、生活规范和交际语言产生的最终根源，教育起源于生产劳动的论断具有其科学性与合理性。教育的产生不仅是人类社会实践活动的需要，也是人类自身繁衍与发展的需要。人类的生产包括两个方面：一个是物质资料的生产；一个是人类自身的生产。就其相互关系而言，物质资料的生产是人类自身生产的基础，它们都要以教育活动为条件。原始人从母体分娩出来之后，他们一方面需要物质资料来维持其生理机体的新陈代谢与正常发育；一方面又需要习得前人的知识经验，使其顺利融入原始人群体，参与当时的社会生产活动。而人类自身的生产包括两个方面：其一，是通过生育环节实现的人的身体的生产；其二，是通过教育环节实现的人的社会意识、生活经验的生产。在人类的发展进程中，这两方面的生产缺一不可。如果没有年长者对年轻一代的影响、传授、教育，就没有生产生活经验的延续，原始社会将可能停滞不前，新生一代的原始人也就难以维持人类社会群体的正常生活。所以，原始人需要教育活动，原始社会的延续离不开教育活动，教育由此成为原始人生存与发展的基本手段。

氏族公社时期的教育

氏族公社时期的教育状况在原始社会教育中具有一定的代表性，因为它

是原始社会发展的关键阶段。从某种意义上说，了解了氏族公社时期的教育状况就等于了解了原始社会的教育情况。在该阶段，原始人开展的教育活动的内容多姿多彩，大体包括以下四种：

1. 生产劳动经验的教育

在原始社会，原始人过着集体采集和狩猎的生活，石器是他们的基本生产工具，所以，这一时期教育活动的主要内容是学习打制、使用石器的知识与经验。在氏族社会中，原始社会的主要教育活动就是年轻一代跟随年长者在生产、狩猎、生活中学习如何使用和制造这些石器，如何用这些石器来捕捉野兽、进行生产，以最大程度地提高人类征服自然界、应对野兽袭击的能力。因此，原始人要学习的生产经验主要是指生产工具的使用与制作。

2. 社会生活规范的教育

原始社会的年轻一代生活在复杂的血缘关系中，但要形成一定的社会关系，他们还必须接受社会常识方面的教育与训练。这一训练的内容较为广泛，如取得氏族成员资格的教育，接受家庭传统和氏族部落传统的教育以及氏族

原始人劳动场景

内亲属、社会等级关系方面的教育。氏族公社是按照一定的等级关系组织起来的，在母系氏族社会中由德高望重的成年妇女来担任议事会的首领，而在父系氏族社会中则由身强体壮、经验丰富的成年男子担任议事会的首领，教育活动必须培养年轻一代对氏族首领的崇拜与服从意识。同时，在氏族内部还有严格的通婚制度与图腾活动制度，如禁止族内群婚、实行族外通婚制度、每个氏族成员都必须参与图腾活动等。这样，培养年轻人尊敬长辈、恪守家规、遵守礼法、服从禁忌等品德就成为原始社会生活规范教育的重要内容。

成人礼是原始社会生活常识教育方面最为重要的一种形式。在该活动中，氏族要求青年男女在达到成年时必须接受氏族考验，参加各种各样的训练活动，经受艰苦的磨炼，如让他们独居于深山野林，承担艰巨任务，忍耐饥饿折磨。经考验合格的人才可以参加由氏族长者主持的隆重典礼，由此获得氏族成员的认可。

 3. 原始宗教方面的教育

原始宗教是在人类社会早期产生的宗教信仰与迷信崇拜活动，是人类解释自然现象的最原始方式。它的主要表现形式为自然崇拜、图腾崇拜和祖先崇拜。由于生产力低下，人类的自然知识浅薄，对于各种自然现象缺乏科学认识，由此产生一种困惑感和无力感。他们认为：各种自然现象，如日、月、雷、电以及各种动植物等都具有灵性，因此把它们当做神灵来崇拜，祈求消灾得福，获得平安，这就是自然崇拜。同时，不同氏族与部落的原始人会对不同的动物，如狼、鹰、鹿、猪等产生敬畏感，认为它们是自己的远亲，同时还会产生一种神秘感，这就是图腾崇拜。另外还有祖先崇拜，是原始人对自己家族的崇拜。

 4. 军事教育

在原始社会后期，不同部落之间的战争逐渐增多，许多氏族、部落组成部落联盟，共同对付敌人，这种现象在原始社会经常出现。为此，氏族社会出现了"自治武装力量"，专门用于抵御外敌入侵。这样，训练年轻一代及氏族战士学习各种战争知识，如与人格斗、跳跃操练、机智应敌、摔跤搏斗等，就成为原始人必须接受的一项教育内容。

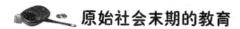

 原始社会末期的教育

到了原始社会末期，由于战争的日趋频发、文字的产生与国家的形成，原始平等的教育活动也随之改变，开始出现一些新的特征与迹象。

1. 出现了专门的教育工作者

到了原始社会晚期，两次社会大分工进一步提高了劳动生产率，农业生产日益发达，人们的劳动产品除了维持自己的生存必需以外还有了剩余，于是产品交换也开始了。在这种情况下，脑力劳动与体力劳动发生分工，一部分氏族首领与军队领袖逐渐从社会生产中脱离出来，专门从事脑力活动，他们成为最初教师的来源。经考证，"师"的原意就是部队编制中的一种官职，其主要任务是专门负责训练士兵。这就充分证明：在原始社会末期就已经诞生了专门的教育工作者——教师。

2. 产生了专门的贵族教育

由于生产有了剩余，为掠夺剩余产品的战争随之爆发，频繁的战争导致了部落间的争杀，奴隶的出现、剩余产品的囤积加速了私有制与国家的形成。考古资料证明，最早的战争出现在中石器时代初期，而到了原始社会末期，这种战争日益频繁。原始社会的战争发生在氏族部落之间或部落联盟之间，是为了争夺赖以生存的土地、河流、山林等天然财富而发生的冲突。战争的直接结果是贵族的产生。他们拥有大量的生活资料，其子女可以摆脱生产劳动，专门从事学习活动。因此，专门面向贵族的贵族教育随之产生，贵族子弟成为专职的学生。

3. 文字的出现丰富了教育活动的内容

文字的产生是原始社会末期的一个重要事件，它的出现也为学校教育的产生提供了可能。人类社会之初，人们为了交流思想、传递信息，口头语言应运而生。但是，口头语言的缺陷是稍瞬即逝，无法保存信息，也无法传播到较远的地方，而且单靠人类大脑的记忆是不持久的。因此，原始人创造了

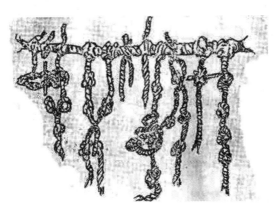

结绳记事

结绳记事、契刻记事等原始的记事方法。战国时期的著作《周易·系辞下传》中曾指出："上古结绳而治，后世圣人易之以书契。"汉朝经学大师郑玄也在《周易注》中说："古者无文字，结绳为约，事大，大结其绳；事小，小结其绳。"这就是结绳记事。所谓"契刻记事"，就是指人们用契刻的方法，将数目用一定的线条作符号，刻在竹片或木片上，作为双方的"契约"。后来，原始人还通过在沙地、泥板上画图的方式创造了图画文字，如甲骨文。

但是，无论是结绳记事、契刻记事，还是图画记事，它们都是一种表意文字，都属于原始的、非常简陋、粗略的记事方法，其记事范围小、准确性差，使用起来比较麻烦、复杂，不利于人与人之间的信息沟通。因此，人类继续进行对记事方法的改进。渐渐地，人们固定采用一种图画来表达一个意思，久而久之，大家约定俗成，它就变成了一种符号化的文字，这就是最为原始的文字形式——图画文字。原始社会后期，人们对图画文字进行了各种各样的抽象化、简化、加工，最终就形成了我们现在所使用的汉字的雏形。文字的产生为原始人保存与积累社会生产生活经验提供了便利，加速了原始人文明的发展进程，推进了我国古代文明的发展。

总之，剩余产品的出现、贵族教育的需要与文字的产生为后来的学校教育提供了专门的教师、学生、教育内容，引发了原始社会教育内部结构的根本改变。一种独立形态的教育活动——学校教育萌芽产生了。由此，我国古代教育进入了以学校教育为主导的崭新历史时期。

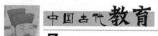

第二节
夏、商、西周时期的教育

　　夏、商、西周是我国的奴隶社会时期，是古代教育雏形的形成期。在这一历史时期，奴隶主是统治者，奴隶是被统治者，阶级社会初步形成。阶级教育成为该时期教育的主要内容，学校教育产生并日益占据着社会教育生活的主流。这一时期，统治者尤为重视农业生产，农业生产主要采取奴隶集体耕作的方式，青铜器农具开始使用，农作物品种、耕作技术与农田水利方面都有了明显发展，农业生产率迅速提高。同时，畜牧业也是该时期的重要产业，殷商遗迹中发现了大量的牛、羊、马等牲畜的遗骸。这时，学校教育日益成为教育活动的主体，生活教育也逐渐在民间展开。

夏代的学校教育

　　学校这一教育形式早在中国的史前文化时期就已经孕育。在西安半坡仰韶文化遗址所见的由老人与儿童合居的大房屋，便是最早的教育场所。与半坡大房屋相似的有，陕西临潼姜寨母系亲族居住区域、洛阳王湾、甘肃大地湾等母系亲族居住区域。从《诗·豳风·七月》描述周族公刘时代的公堂生活可以推知，这种以养老慈幼为主旨的原始教育形式，至少在夏代的中原区域，仍然普遍存在于农居猎居氏族群落之中，直到殷商西周时期，这种原始教育的形式才逐步消失。

　　另外，随着原始宗教的产生和发展，卜史巫觋等神道宗教人员也开始逐渐出现。而在整个夏、商、西周的历史时期，礼拜自然神灵及祖先灵魂等宗教祭祀活动，都被当作教育的重要内容，同时也是王室及所属邦国部落的重

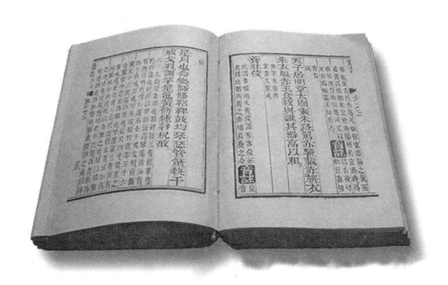

《礼记集说》书影

要国事活动。卜史巫觋等神道宗教人员不仅是氏族部落的宗教领袖，同时也是最初的有闲文化阶层。他们不仅专司文化教育方面的知识，还有较多的时间和精力从事天文、历法、卜算、农业、医术等方面的研究，从而为学校的产生提供了必要的师资和知识准备。

见于古代文献记载的夏代学校，有序、校等称谓。《孟子·滕文公上》："夏曰校、殷曰序、周曰庠，学则三代共之。"夏代学校除养老之外，兼行习射、视学、合乐、释奠、择士、讲武诸事。

夏代学校既是政治、军事、宗教祭典等项活动的中心场所，同时也是文化教育的活动中心。也就是说，在夏代时，学校教育的设置尚未从一般的社会部门中分离出来。

夏代称为"校"的教育机构，据《说文》解释为"木囚"、"交声"，原意为木制刑具，在于匡正人的行为。正人、教化意义的延伸、演变，使"校"逐渐成为专门化的教育形态。从夏代中后期的政治、经济、文化发展状况来看，夏代已具备了学校产生的一般条件。以文字为例，从殷商甲骨文的成熟程度来看，夏代至少已有了原始的汉字。文字作为教育的媒介，使传授知识、技能的教材有可能产生。但是，由于迄今为止还没有关于夏代学校记载方面的实证，所以我们至今无法追述夏代教育的细节。

商代的学校教育

见于文献记载的殷商学校除有庠、序、学外，还有"瞽宗"这一新型的教育机构。

在文献和卜辞中都有关于商代的"庠"的记载，同夏代一样以养老为主要职能。按照《礼记·王制》的记载："殷人养国老于右学，养庶老于左学。"郑玄注此"左学"即为下庠、小学，位在国中王宫之中。之所以以"养老在学"，可能是为了宣扬孝悌之道。殷人举行养老之礼，先要进行隆重的祭典，届时参祭者服素白缟衣，其后一为礼食，以饭款待老人而不设酒；二为燕食，即在养老宴会结束后，文武百官与宾客彻夜共饮。这种养老之礼，一方面是显示尊师敬老之意，另一方面也在显示王室的恩泽。但庠的教学内容如何，文献记载很少。

商代的"序"也是讲武习礼的场所，目前也没有具体的史料说明序的教学情况，但从《孟子·滕文公上》、《礼记·王制》等文献记载来看，商的序与夏的序都有养老、习射等职能，二者之间并没有多少区别。

所谓"殷学瞽宗"，原为乐师的宗庙，用作祭祀的场所。祭祀中礼乐相附，瞽宗便逐步转变为对贵族子弟进行礼乐教育的机构。商代颇重礼乐教育，故有"殷人以乐造士，其学为瞽宗"的说法。按照先秦文献的记载，商学瞽宗

卜辞

位于国都南郊明堂西门之外，故也称为"西学"。瞽宗大体有两个特征：其一，以礼乐教育为宗。礼的教育传授有关宗教祭典方面的礼仪知识，礼乐一体，而非分科设教。其二，瞽宗是宗庙群落的组成部分，依附于商代宗庙重屋阳馆之侧。因此，文献中"乐祖祭于瞽宗"也即"祭于庙中"。乐祖配食于庙中，则是因为典乐为宗祀、告朔、朝觐等宗庙大礼必备的设置，故而不仅作为宗庙祭典活动的重要内容，同时也是尊祀先祖神灵的象征。商代之乐教作为宗教教育的组成部分，是以宗教敬祖观念为主旨的。

考古上，商代卜辞的发现，说明商代学校已经出现了某种意义上的教学活动。但目前还不能证实卜辞中的殷"学"及其教学活动与文献中的序、庠、瞽宗等教育机构是否属于同一范畴。按照清代学者的考证，先秦文献中之"学"、"大学"为殷代学校的总名，详而言之则有庠、序、瞽宗等称。但无论名称如何，文献所记载的殷商学校的教学活动在内容上与卜辞所记载的殷学教学活动是基本相同的。

殷人已有典册可作教材，《尚书·多士》云："唯殷先人，有典有册。"笔册工具的出现，标明商代学校已有读书习字的教学条件。商代教育活动充满神秘的宗教色彩，几乎任何事都要进行占卜。由此，与宗教有密切关系的数术，就成为殷人教育的重要内容。从卜辞中看，商代最大的数字已达 8 万，数术的发达及其一般运算形式的出现，与商代盛行占筮活动直接相关，商代之数术教育实际是宗教占筮活动的副产品。

从卜辞中还可看到商代已有从事教育的老师，称为"父师"。清代学者王引之考证：父师即《周官》之"师氏之属，掌以美教国子以三德三行。父与大通，父师即大师"，意即现在的教师。

卜辞中所见殷商"大学"，是用于献俘祭祖的场所，并且与宗庙之神坛并列连举，这说明商代大学也是宗庙聚落的组成部分，兼有祭祖、献俘、讯馘、养老等职能，以教授有关宗教祭典等方面的礼仪知识为主要内容，这与夏代学校的性质基本相同。所以说，商代"大学"绝非现代意义上的高等教育机构。正如清代学者金鹗所言："所谓大学在郊者，即郊学，对小学而言大矣。"

知识链接

古代教育名言集锦

少成若天性，习惯之为常。——《大戴礼记·保傅》

天下之本在家。——汉·荀悦《申鉴·政体》

怀子三月，出居别宫。目不邪视，耳不妄听。音声滋味，以礼节之。——北朝·北齐·颜之推《颜氏家训·教子》

人生小幼，精神专利，长成已后，思虑散逸；固须早教，勿失机也。——北朝·北齐·颜之推《颜氏家训·勉学》

爱其子，择师而教之。——唐·韩愈《师说》

父善教子者，教于孩提。——宋·林逋《省心录》

人生百年，立于幼学。——清·梁启超《论幼学》

强国之基在养蒙，儿童智慧须开爽，方能凌驾于人上。——清·林纾《闽中新乐府》

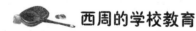 西周的学校教育

西周（公元前1046—公元前771年）是中国古代史上的一个奴隶制王朝。西周建都于宗周（今陕西省西安市西部），由于周朝后来将都城东迁，所以称这一时期为西周。西周统治时期，社会经济发达，商品交换频繁，农业生产活跃。在该时期，诸侯各国均有自己的青铜作坊，青铜冶炼业异常发达，带动了各行各业的兴盛。在文字方面，西周出现了大量的在甲骨上和铜器上契刻的文字，为当代研究周朝历史提供了充实的资料。研究者据这些铭文推测：西周在农业、畜牧业、纺织业、冶金业、建筑业、天文、地理等方面取得了许多新进展，为教育活动的开展创造了优越的外部条件。

我国相对完善的学校教育体系在西周时期就已经在全国确立。据《礼记·学记》记载，西周的学校教育体系是"家有塾，党有庠，术有序，国有学"，其意即周朝的每一级行政机构都设有相应的学校，即乡校、州序、党庠、家塾、国学等。这里，乡、党、州等是周朝的行政区划单位。总而观之，西周的学校分国学和乡学两种。

　　国学设在国都丰镐，属于中央学校，它是周天子和诸侯在都城专门为奴隶主贵族子弟设立的学校，学子入学年龄一般为15岁或18岁。国学分为大学与小学两级，奴隶主贵族子弟依照学生入学年龄与程度分别进入两种学校。其中，大学又分为周天子所设立的大学与诸侯所设立的大学。周天子所设的大学一般规模较大，大致分为五学，分布在王宫的不同位置：辟雍居中，四周分设南（成均）、北（上庠）、东（东序）、西（瞽宗）四学，是进行教学活动的场所。而诸侯所设的大学，规模一般比较简单，且都仅有一学，因其半环以水，故称"泮宫"。西周的小学是专门为年少的王子与诸侯子弟设立的学校，其入学年龄一般为8岁、10岁、13岁、15岁。在小学中设有专门司教的职官"小辅"。正如《礼记·王制》所言："天子命之教，然后为学，小学在公宫南之左，大学在郊，天子曰辟雍，诸侯曰泮宫。"

　　乡学是专门为一般奴隶主贵族子弟设立的地方学校，其等级较低，且规模较小，设置简单，它是西周学校教育系统的重要组成部分。乡学一般设在国都郊外六乡行政区之中。乡学的基本教育内容、教育要求、教育方法与国学基本一致。值得关注的是，在这类学校中一般实行定期考查和推荐制度，那些优秀的学子可以被送到国学继续深造。乡学的考核对德艺的要求较高，一般由乡大夫主持。经过严格考核，由乡大夫根据德行道艺标准把乡学中的优秀学生提名给司徒，被称为"选士"。司徒则将选士中的优秀者升入"国学"中的大学，称为"俊士"。俊士完成学业，经过司徒复试，合格者称为"造士"。大司业将造士报告于天子，而提名于司马，被称为"进士"。通过逐层选拔机制，西周的各类学校之间相互沟通，融为一体。地方行政区划是进行西周乡学设置的依据。在西周，"令五家为比，使之相保；五比为闾，使

六艺

之相受；五闾为族，使之相葬；五族为党，使之相救；五党为州，使之相赒；五州为乡，使之相宾。"（《周礼·地官·大司徒》）与之相应，西周根据行政区划分分别设立了乡学，它们分别是：家塾、党庠、州序、乡校等。

"六艺"即礼、乐、射、御、书、数，是奴隶社会学校的主要教育内容。

礼、乐主要是指奴隶社会的社会伦理道德、礼节仪式方面的知识。其中礼是指礼仪，包括各种社会政治伦理道德，主要学习奴隶社会的"五礼"，即"吉、凶、宾、军、嘉"。这五种礼分别用于祭祀神灵和祖先，悼念死者，驱除灾祸，朝见会盟，打猎和作战，宴会婚姻。"五礼"教育的主要目的是教会奴隶主贵族子弟在这些场合中保持适当的仪容、仪态等。"乐"是指人们在开展上述礼仪活动时所奏的乐曲和所跳的舞蹈。西周很重视礼乐，礼乐是专门用来区分君臣、上下、尊卑、贵贱的等级制度，是巩固统治阶级地位的有力武器。相对而言，"礼"重视培养人的道德行为，"乐"重视培养人的道德修养与道德情操，二者互为表里，共同服务于社会秩序的维护与巩固。

书、数主要是有关识字、计算方面的基本生活知识。其中，书是指识字、写字，数是指计算，是最粗浅的计算知识。"九九乘法表"就是在周朝时期出现的，并成为这一时期数学学习的主要内容。综合起来，书、数培养的是学生最基本的读、写、算能力，一般属于小学的学习内容。

射、御主要涉及军事知识教育。其中"射"是指射箭，"御"是指驾车技能，二者合二为一，主要培养的是学生的作战能力。

"六艺"教育是我国西周教育内容的总称，它起源于夏朝，在商朝时期进一步发展，在西周时期成型、完备，成为西周教育内容的主体和标志。其中，"礼"，后世称之为周礼，强调的是典章制度和以孝、悌为核心的道德规范；"乐"的主要内容是歌咏、舞蹈、演奏乐器等，二者密切配合，一内一外地引导人融入社会秩序；"书"是读书、写字；"数"是计数，二者结合一体，满足了人们的基本生活需要；"射"、"御"注重培养人的作战能力和武艺。"六艺"教育既重视思想道德，也重视文化知识；既关注传统文化，也注意实用技能；既重视文事，也重视武备；既训练人，使其符合礼仪规范，也要求人加强内心情感修养，是一种"文武兼备"、"知能兼求"的教育模式，对后世教育观念的形成与教育实践的发展产生了重要影响。

第二章

逐渐定型的春秋战国与秦汉教育

春秋战国时期是中国古代教育发展中的特殊阶段，它为中国封建社会教育的形成与发展积累了精神财富，是中国古代教育的大转折时期。而秦汉时期则是封建社会教育走向定型的历史阶段。秦朝以法家思想治国，汉朝以儒家治国，两者共同形成了我国古代封建社会的两大治国基础：依法治国与教化治国。春秋战国时期的教育探索为秦汉教育的发展提供了思想基础，而秦汉则将这些教育思想与教育理念付诸实践，筑就了中国封建社会教育的基本形貌。

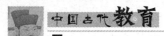

第一节
春秋战国时期的教育

　　春秋战国是我国奴隶制社会解体、封建制社会形成的转折时期。在这个时期，中国的社会经济急剧变化，政治局面错综复杂，军事战争层出不穷，学术文化异彩纷呈。它是中华民族文化的奠基时期，是中华古代文明逐渐递嬗为中世纪文明的过渡时期。春秋初年，全国共有大小诸侯国 170 余个，相互间会盟、征伐之事频频可见，其中较为重要的是齐、晋、楚、秦、鲁、宋、卫、燕、陈、曹、蔡、郑、吴、越等国。到了战国时期，各诸侯国的经济得到不同程度的发展，政治形势产生了很大的变化，尤其是诸侯国内部士大夫的势力逐渐发展起来，形成了一些实力派国家，即齐、楚、燕、秦、韩、赵、魏，合称"战国七雄"。

　　春秋战国时期虽然战乱频繁，但古代教育与文化也在这一时期有了重大发展。由此，社会进入了官学衰废、私学兴起、文化下移的新时代。奴隶主贵族的官学已经形同虚设，学生无心读书，整天游荡嬉戏，被奴隶主贵族垄断的"学在官府"现象日趋没落，教育进入了大变革时期。在这场变革中，随着奴隶社会的崩溃和封建社会的建立，官学开始在孔子的带动下移向民间。此后，官学和私学并行不悖、相得益彰，共同推动着封建社会教育的发展。

春秋官学

　　《诗·郑风·子衿》曾描绘过一幅东周时代因官学颓败而使士子浪荡街头的情景，郑玄认为此诗讽刺了"乱世学校不修"的社会现实。春秋时期铁制农具和牛耕犁的普遍使用导致了官学的急剧衰败，因为它极大地提高了生产力的水平，为诸侯、领主们提供了"辟草莱，拓土地"、扩大私田面积的条件。随着私田的日益增多，出现了"私肥于公"的情况，打破了旧有的"溥天之下，莫非王土"的经济格局。经济的下移必然导致政权的下移，周天子大权旁落，形成了诸侯大国争霸的局面，"礼乐征伐"已不能"自天子出"，而是"自诸侯出"，甚至"自大夫出"，进而出现"陪臣执国命"、"政在家门"的局面。政治经济权力的下移，也导致了学术的下移，官学赖以生存的政治经济基础逐日瓦解。原本在宫廷专门掌管典籍、身通六艺的士人纷纷出走，流落民间。《论语·微子》记载：宫廷中司礼乐的太师挚到了齐国，乐师干前往楚国，乐师缭去了蔡国，乐师缺进了秦国，打鼓的方叔流落黄河地区，摇小鼓的武到汉水地区去了，少师阳和击磬的襄到海边去了。

春秋中晚期还出现过两次重大的学术下移、典籍扩散事件。一次是在周惠王、襄王之间，因先后发生王子颓及叔带争夺王位的内乱，世代掌管周史的太史司马氏离周去晋。另一次在周敬王立位之前，王子朝争夺王位失败，旋率召氏、毛氏、尹氏、南宫氏等贵族和百工，携带王室所藏文典逃奔楚国。从此，东周王室文化大幅度衰落下去，而楚国则成为与宋、鲁两国并立的三大文化教育中心。

在文化下移的历史过程中，昔日的官府之学成为春秋战国诸子百家学说的渊薮。史传儒家出于司徒之官，道家出于史官，阴阳家出于掌天地四时之官，法家出于理官，名家出于礼官，墨家出于清庙之守，纵横家出于行人之官。这种传言虽然不一定准确，但各自之间的历史渊源是不容怀疑的。在学术下移的过程中，士阶层的兴起和壮大，也为私学的产生提供了必要的师资条件。昔日的官学之士离开官府，分散到晋、卫、赵、秦、楚、齐、鲁诸国，促成了春秋战国多元性文化的格局，打破了官掌学术，私门无著述的旧模式，从而为私学的产生创造了成熟的文化环境。

春秋私学

春秋末期，群雄角逐、邦国林立，为了谋求生计，大量的士人奔走于诸侯公室之间。忙于攻战的诸侯无暇顾及学校，而各国为了谋取霸权或求得生存，对人才的需求又急剧增加，在旧官学基本瓦解的历史条件下，客观上需要一种新的教育模式来填补这一历史空白，承担培养人才的职能，私学便由此应运而生。

私学是指由私人授徒办学的教学组织形式，它是相对于官学而言的。在孔子生活的时期，私学已经出现了。从一些零散的古籍记载来看，在孔子之前或孔子的同时期，即有一批有识之士在开办私学。在孔子之前授徒讲学的相传有周室的老聃，楚国的老莱子，郑国的列御寇、邓析、壶丘子林；与孔子同时在鲁国讲学的有少正卯，还有王骀、柳下惠、常枞、詹何等人。虽然私学并不是孔子首创的，但他却是把私学推向新境界的最杰出代表。

孔子一生除极短暂的从政时间之外，绝大多数时间都在从事教育、整理文化典籍的工作，是最负盛名的私学大师。他广开私学之门，"以诗书礼乐教，弟子盖三千焉，身通六艺者七十有二人"。他创办的私学规模最大、最正规，成就远远超过他的先人和同辈。

在壶丘子林、邓析时，私学就已经出现收徒不论出身门第，学习缴费的现象。至孔子办学时，又第一次公然宣称"有教无类"，无论出身、性格、趣向如何，凡"自行束脩以上"者，都可前来受教。孔门弟子中，贵族、富商、平民、贱人无所不有，甚至还有"暴者"、"大盗"、"刑戮死辱"之人，但只要他们是虔诚求学，孔子都会细心教诲他们。孔门弟子不仅不受出身贵贱的限制，同时也不受地域的限制，其门人有许多就来自华夏以外的蛮夷之邦，而孔子本人也多次发愿到东夷施行礼义教化。孔子"有教无类"的主张，体现了中国古代从未有过的普及教育观念，对中国2000多年来的教育产生了深远的影响。孔子一生培养了一大批掌握经术及治国本领的统治人才或教师。他的学生在其生前就积极参与了齐、鲁、宋、卫诸国邦邑的治理和政务，并取得不俗的政绩。孔子过世后，他的七十二个弟子散游在诸侯之间，"大者为师傅卿相，小者友教士大夫"，门徒遍及卫、陈、楚、魏、齐、鲁诸国，使儒学传习辗转，影响扩及夷夏诸邦。

孔子

到了战国时期，随着社会局势的剧变和民间学术文化的发展，又有许多哲人、学者投入到教育行列之中，专以一家之言立教。其中最突出的代表有墨子、孟子、荀子等人。墨子继孔子之后，成为第二显赫的私学大师。《吕氏春秋·当染》记孔墨后学显荣于天下者，不可胜数，故后世冠之以"孔墨显学"的美称。墨子门人180人，学门师长称"巨子"，师生情义深重，凡师门驱使，"赴火蹈刃，死不还踵"。在墨子之后，规模较大的私学大多集中在齐鲁燕赵一带，如孟子门徒数百人，于威宣之际游学于齐国稷下；弟子多达3000人的淳于髡，学黄老道德之术；有门人过百人的田骈，以及荀子、邹衍、邹奭、慎到、接予、邹忌均以所学称著于世。他们率徒游学齐鲁、赵、卫、魏诸国，或称"稷下先生"，或"尽地力之教"，或为"帝王之师"，"谈天、雕龙、炙毂过，辩坚白同异，行礼义之化"，各著书言治乱之世，以所学传习天下，私学门户纷呈，而又不拘于私见，与百家争鸣的学术文化繁荣局面珠联璧合，相映生辉。

这种新兴的私学教育体系，基本脱离了国家政府部门而独立出来，在很大程度上打破"政教合一"的传统，完成了学校教育独立化的历史进程，标志着中国古代出现了完整意义上的学校教育类型。

总之，私学的产生，是对中国古代传统文化教育的一次重大改革，它带来了春秋战国文化的繁荣，对百家争鸣的出现、历代私学的发展以及官学的改造，影响重大而深远。

稷下学宫

1. 稷下学宫的缘起

战国中叶唯一的新型官办高等学府就是齐国创设的稷下学宫。它的诞生，使当时中国文化教育的中心转至齐国。稷下遂成为各种学派荟萃的园地、百家争鸣的场所，开创了先秦文化教育的新局面。

稷下学宫初建于齐桓公当政时（公元前375—公元前357年），因学宫设于齐国都城临淄（今山东淄博市淄川区）的稷门（城西门）处，而称作"稷下之学"或"稷下学宫"。经齐威王、宣王二世，稷下学宫达到了鼎盛。到齐王建当政时（公元前264—公元前221年），齐国局势岌岌可危，稷下学宫也江河日下。至公元前221年，齐为秦所灭，这所高等学府便随之消失。它前后历经桓公、威王、宣王、湣王、襄王、王建6代，总共140年左右。

2. 稷下学宫的构成及其特征

与西周时期的官府之学和秦汉的太学、国子监等官学不同，稷下学宫集收徒讲学、研究学术、参议国政于一身，是一个特殊的教育机构，也是中国古代官学的一个重要设置，具有鲜明的特色。

(1) 有教无类，择优聘师。稷下学宫在招收学生方面，借鉴了当时私学中"有教无类"的办学方针，取缔了以往奴隶主贵族享有的教育特权，所招学生不问门第出身，用度由国家供给，学生最多时达"数百千人"。在选择教师方面，不分贵贱，择优聘用，统称"稷下先生"，如出身家奴、身为赘婿的淳于髡就被推为稷下先生。凡来稷下的学者大师，齐王都要亲自召见，通过问对，察其学术水平，并根据他们的社会声望的高低以及徒弟的多少来授予不同的头衔。最高的列为"上卿"或"客卿"，次等的列为"上大夫"和"大夫"，也有的被尊称"博士"。稷下先生受到充分的尊崇，致使天下著名学者纷至沓来，络绎不绝。孟子曾两次游学于稷下学宫，荀子也频繁出入此地。孟、荀均被列为客卿，号称"稷下之冠"的淳于髡拜为上卿。此外，被列为上大夫和大夫的更是比比皆是，齐宣王时，"邹衍、淳于髡、田骈、接予、慎到、环渊之徒七十六人，皆赐列第，为上大夫"。当时，稷下先生"千有余人"，凡列为大夫者，皆"为开第康庄之衢、高门大屋，尊宠之"。这种尊师重教的措施，招揽了各国名士携其弟子前来讲学，于是稷下学宫名士云集、人才济济，成为一所"跨国"性的高等学府。

(2) 稷下学宫采用了民主管理体制。学宫中主持教学、掌管重大学术活动的为"祭酒"，均为学问渊博、德高望重的学界泰斗，如荀子"三为祭酒"，并有"最为老师"的美称，即年龄最大、学术水平最高。"祭酒"的称谓便由此而流传后世，成为秦汉以后全国最高学府——太学或国子监的负责人。

稷下学宫

(3) 兼官学与私学于一身，容育士与养士于一体。稷下学宫整体上是田齐创办的官学，但私学却是其基础。前往讲学的学者大都办有私学，带其弟子同入稷下。淳于髡"弟子三千"，孟子"从者数百人"，田骈有徒百人，宋研、尹文"率其群徒，辩其谈说"。这些大师的从游弟子多者数千百人，少的也有几十或数人。弟子来稷下学宫仍从其师受教，这样便形成了官学中有私学的局面，私学成为官学中的个体。稷下学宫成为官方主持之下私学云集的一种官资私办的联合体。实际上稷下学宫是由春秋私学向汉代官学过渡的一种中间形态。

（4）教学与咨询相结合。稷下学宫人才济济，荟萃了儒、道、法、阴阳、名等各家各派有谋略的知识分子，自然形成了一个"不治而议"的咨询群体。战国时期，群雄角逐，战争频仍，呈现"诸侯放恣，处士横议"的景象。正是在这种局势下，稷下先生们纷然为社稷安危出谋划策。稷下先生虽有上卿、客卿、大夫的封位之别，但这仅表明荣誉、待遇的高低。他们没有加入实际的官僚行列，不负责具体政务，"不任职而论国事"，发挥着"智囊团"的作用。他们对时政的利弊有各自不同的见解，正所谓"各著书言治乱之事，以干世民"。

（5）自由教学与严格学规相结合。稷下先生可自由招生，来去自由，"合则留，不合则去"。学生进校后，也有择师听课的自由，不限于仅听一个老师的课，也不拘于从一而终地追随某个先生，出现了学无常师的状况，使学生有机会接触各种学说，扩大视野。这便呈现出教与学双向选择的自由。此外，在稷下学宫还常有"游学"活动，即稷下先生携其学生周游列国，进行讲学或交流学术，这十分有利于扩大该学说的影响，活跃学生思想。它充分体现了稷下学宫教学自由的精神。但是在自由讲学的同时，还有一套严格的管理学生的规则，从课内听讲到课外复习，从尊敬师长到品行修养，面面俱到，可以窥见昔日稷下学宫有条不紊、井然有序的风纪。自由教学与严格学规的结合，使得学校呈现出既严肃又活泼、既紧张又自如的张弛有度的教学秩序。

（6）兼容并包及百家争鸣的办学方针。众人推举学界名流来担任稷下学宫的教学组织者和领导者，国君不直接干预教学与学术研究，形成了权力与学术相对分离的格局，为学术向深度、广度方面的发展提供了条件，也为百家争鸣创造了环境。自稷下学宫建立之后，桓公、威王、宣王等都礼贤下士，网罗众家，广招天下英才，广开言路，显示了当时国君的开明、豁达大度。它向各国有识之士敞开大门，为其提供优厚的物质条件和学术环境，不囿于一家一派之言，容纳"百家之学"；不分国籍、不论出身门第，延揽天下学界精英，使得稷下学宫声望日隆，教学和学术水平也日益提高，成为战国时期的文化教育中心，并成为百家争鸣的论坛和文化沙龙。

　　稷下学宫是对旧官学改革的成果，在整个战国时期都是独一无二的。它的创办为先秦教育史揭开了新的篇章，其规模之大、历时之长、特点之鲜明、成果之卓著，堪称中华文明史上的一大奇迹。它的官私合办的形式可谓中国教育史上一大创举。它的诞生，使从西周官学到汉代太学之间官办高等学府的缺阙脱节得以衔接。稷下先生多有作品传世，其中稷下学人的论著汇编《管子》，是中国文化宝库中的一块瑰宝；其《弟子职》，是中国教育史上第一个较完备的学生守则，成为历世书院、官学制订学则、学规的蓝本。稷下学宫首开中国历史上学校实行网罗众家、兼容并包、学术自由的先河。它创设的"期会"制，也成为后世书院"讲会"制的滥觞，对书院自由讲学、开放门户、切磋论辩的教学形式产生了深远的影响。稷下学宫的教学成果十分显著，培养了大批治学、治术的人才。稷下学宫是精英文化的集结地，它容纳了那个时代的多科学术领域最高水平的文化积淀物和一些具有开拓性、创新性的文化成果。

知识链接

孔子拜师

　　孔子是中国古代的大教育家、大思想家，儒家学派的创始人。那么，你知道孔子的老师是谁吗？

　　孔子说："我不是生而知之的人，而是学而知之的人。"孔子又说："三人行必有我师焉。择其善者而从之，其不善者而改之。"

　　孔子不仅这样说，也是这样做的。孔子因家境贫寒，直到15岁时才有机会专心求学。为了弄懂"礼"的含义，他从山东一直走到河南，首先拜李耳（老聃）为师。老聃为其讲学，临别时，老聃说："富贵的人送人以钱财；有学问的人送人以言……我送给你几句话吧：聪明深察的人，易遭杀身之祸，因为他好评论人；博学善辩的人，易危害自身，因为他好揭发别人的短处。为人子、人臣的千万不要用这些事而存身，以尽孝尽忠；不要只顾自己，坚持个人意见。"这席话使孔子受益终身。

以后，他又拜鲁国乐官师襄子为师。开始学琴时，一连十几天总是反复弹拨同一支琴曲。师襄子等到他弹得已经十分娴熟了，就对他说："你可以换一支曲子进一步练习了。"孔子却回答说："我只学会了乐曲的表面形式，对其节奏内容还不是十分了解。"于是又继续练习。又过些天，师襄子倾听琴音，感到孔子已经领会了乐曲的意境，认为他可以学习一些更为复杂的乐曲了。孔子却又摇摇头说："我虽然体会了乐曲的意境，但作曲的是个什么样的人，还没体会出来。"又弹了一些时间，孔子轻轻地放下琴，站起来望着窗外若有所思。师襄子问他有什么体会，孔子说："我倾听着琴音，似乎看到了一位个子高高、目光远大、慈爱安详的长者，这不是周文王又是谁呢？"师襄子称赞道："你说得完全对啊！"就这样，孔子精通了乐理之道。

这之后，他又拜苌弘为师。苌弘是个大音乐家，对音乐有很深的造诣。孔子拜他为师，请教律吕之学。孔子非常虚心地听取苌弘的教导，不懂就问，最终掌握了律吕学的精髓。

由于孔子多方面拜能者为师，使自己掌握了多种学问和本领，成为古今中外知名的大思想家、大教育家、大学问家。

第二节
秦汉时期的教育

秦代的文教政策

公元前221年，秦统一六国，建立了中国历史上第一个统一的封建王朝——秦朝。秦朝开启了我国封建社会的序幕，中国社会开始走向专制主义的封建制。秦始皇还采纳了李斯、韩非子等人的建议，在文化教育领域内实行了新的文教统一政策，对我国后世的教育产生了深远影响。

秦在统一六国之前，就有重视实利、轻视礼乐的传统。秦始皇统一中国之后，既忌于士儒学古非今，惑乱黔首，不利于稳定政局，又鉴于先秦诸侯各国厚招游学，虚言乱实，致使社稷灭绝的教训，断然实行了取缔私学、焚书坑儒、以吏为师等政策与措施。同时，秦始皇恃强权立国，在实施文化教育政策方面，也薄仁寡义，"事学决于法刻"，表现出极大的严酷性。

公元前213年，儒学博士淳于越借为秦始皇贺寿之机，鼓吹分封制，提倡"师古"，引发出一场有关私学是否应继续存在的争论。丞相李斯认为：私学是"古者天下散乱，莫之能一"环境下的产物，今皇帝并有天下，别黑白而定一尊，士当学习"法令辟禁"，而私学则以不合法度的内容竞相教人，各以其学妄议朝廷政令，私学不禁，则必然导致"主势降乎上，党与成乎下"的恶果，从而严重削弱了中央集权专制。因此，他力主取缔私学。李斯的建议得到秦始皇的赞同与批准。取缔私学政策的实施，标志着春秋、战国以来百家争鸣局面的结束。民间的学术传授被定为非法活动而加以禁止，这对我国的教育事业造成了巨大摧残。

民间藏书是私家从事学术研究和教育活动的前提，因此"焚书"便成为取缔私学的基本措施。公元前213年，秦始皇颁布"挟书律"，规定："史官非秦纪，皆烧之；非博士官所职，天下敢有藏《诗》、《书》、百家语者，悉诣守尉杂烧之；有敢偶语《诗》、《书》者，弃市；以古非今者，族；吏见知不举者，与同罪；令下三十日不烧，黥为城旦；所不去者，医药、卜筮、种树之书。"次年，儒生卢生和侯生对秦始皇的为人行事指责一番后逃亡，儒生460余人被牵连告发，坑杀于咸阳。太子扶苏也因谏止此事，而被贬斥上郡。"坑儒"本是一次孤立事件，与"焚书"并没有直接联系，也不具有政策性意义，但恰好发生在焚书禁学之后，而且又是针对读书之人，所以人们经常将"焚书"与"坑儒"

秦始皇

联系在一起，成为秦代文化专制的代名词。

实施这样严酷的政策，使绝大部分民间藏书付之一炬，实为学术文化的一大浩劫。焚书、坑儒、禁学，激化了社会矛盾，促使大批的知识分子转化为秦政权的反对者，削弱了秦王朝的统治基础。

 ## 汉代教育的新发展

秦朝灭亡后，中国历史进入了汉代，分为西汉和东汉两个历史时期。西汉为汉高祖刘邦所建立，定都长安；而东汉为汉光武帝刘秀所建立，定都洛阳。其间，王莽曾篡权自立为王，时间短暂。西汉是我国封建社会初期一个强盛、富饶的朝代，它继承和巩固了秦朝的国家统一的局面，经济繁荣、国力强盛，呈现出一派太平盛世的景象。自秦始皇统一中国后，中华民族各地间的文化相互渗透融合。到西汉时期，我国大部分地区在典章制度、语言文字、文化教育、风俗习惯等多方面都逐渐趋于统一，形成了共同的汉文化，在各族的基础上，中华地区形成了统一的民族——汉族。

在汉朝，文化教育事业进入了新发展时期，这些新发展集中体现在以下三个方面：

1. 罢黜百家，独尊儒术

汉朝初期，在政治上主张无为而治的道家治国理念；在经济上实行轻徭薄赋，鼓励农业经济不断恢复；在思想上主张清静无为的黄老学说，受到统治者的重视。汉武帝即位后，为了进一步强化政治和经济上的专制主义，开始了"罢黜百家，独尊儒术"。

黄老学派主张清静无为、休养生息的政策难以满足当时的政治需要，加之汉武帝好大喜功，不太看重道家的治国理念。而儒家的大一统思想、仁义思想和君臣伦理观念深受汉武帝喜爱，因此在思想领域"儒家治国理念取代道家的统治地位"成为大势所趋。建元元年（公元前140年），汉武帝继位后，丞相卫绾上奏建议，请求罢免信奉法家思想的官吏，得到了汉武帝的批准。随后，太尉窦婴、丞相田蚡推举儒生王臧为郎中令，赵绾为御史大夫，褒扬儒术，贬斥道家，鼓动汉武帝实行政治改革。建元六年（公元前135年），窦太后死，儒家势力渐渐开始崛起。元光元年（公元前134年），汉武

汉武帝

帝召集各地贤良方正文学之士到长安，亲自策问考选。董仲舒在《举贤良对策》中指出：大一统是"天地之常经，古今之通谊"，而百家之言宗旨各不相同，使统治思想不一致，法治难以实施，政令难以统一，致使全国上下无所适从。因此，他提议："诸不在六艺之科孔子之术者，皆绝其道，勿使并进。"这就是独尊儒术的文教政策。汉武帝对董仲舒的政策大为赏识。随之，儒术治国成为我国封建王朝的统治思想，其他各家，如道家、法家等治国学说均在政治上受到了排斥和贬黜。

为了将这一文教政策付诸实践，汉武帝采纳了董仲舒的三条建议——"推明孔氏，抑百家"，"兴太学以养士"，"重视选举，任贤使能"。汉武帝在中央官学中立五经博士，诸子百家的博士不置而废；大力兴办太学，专门学习儒家经典；确立了察举制，选拔人才，将高官厚禄送给精通儒学的人。至此，在文化教育领域彻底形成了独尊儒学的局面。

"罢黜百家、独尊儒术"政策的实施，确立了儒家思想在中国传统文化中的正统与主导地位，使得专制"大一统"的思想作为一种主流意识形态在封建社会中被定型。"内圣外王、刚柔相济、人治社会"的政治理想作为一种执政理念被初步确立。董仲舒等人推崇的儒术并非原初意义上的孔孟儒学，而是在吸收了法家、道家、阴阳家等各种不同学派思想基础上形成的一种新儒学，它与刑名法术相糅合，实现了儒法互补的"霸王道杂之"的统治手段，形成了一套全新的、更具生命力的儒家治国理念。

然而，独尊儒术也暴露出汉代统治的一些弊端。首先，它将专制集权统治推向了登峰造极的地步，这种专制制度深深地嵌入了人们的心灵与思想，约束着人的自由思想，无形中给人们套上了一种思想枷锁。同时，"罢黜百家、独尊儒术"的政策违背了学术发展的规律。百家争鸣、百花齐放、包容互通、相互交流是学术繁荣的必经之道，是学术发展的内在规律。独尊一家，抑制百家，让学术发展孤军独行，其发展道路会越走越窄，最终会导致学术文化事业整体的没落与倒退。因此，可以说，"罢黜百家、独尊儒术"是汉武帝文化专制政策的集中体现，它束缚了文人的思想观念，对学术文化事业的整体推进产生了阻碍。

 2. 汉代太学的发展

设立太学、崇尚儒学是汉代文教政策的重要内容之一。根据董仲舒的建议，汉武帝在长安开办了全国最高教育机构——太学。最初太学中只设五经博士，置博士弟子共50名。从汉武帝到新莽时期，太学中设置的科目及人数逐渐增多，开设了包括《易经》、《诗经》、《尚书》、《礼记》、《公羊传》、《谷梁传》、《左传》、《周官》、《尔雅》在内的各类课程。

太学的规模在汉朝得到了极大的发展。汉元帝时期，太学的博士弟子达到了1000多人，汉成帝时增加到了3000人。王莽秉政，为了树立自己的声望，笼络广大的儒生，在长安城南兴建辟雍、明堂，又为学者筑舍万间。此时，博士弟子竟达10000余人。太学规模之大，是前所未有的。汉武帝到王莽，还岁课博士弟子，人选的可补官。到了东汉建武五年（公元29年），汉光武帝刘秀在洛阳城东南的开阳门外兴建太学。之后，汉明帝刘庄还到太学行礼讲经。汉顺帝永建元年（126年），对太学进行了重修和扩建，费一年时间，用工徒112000人，建成240房，1850室。其后，太学生人数多至30000人。两汉时期，太学在培养人才和促进文化发展等方面都起到了重要的作用。

太学是培养封建统治管理人才的重要机构，太学生是汉朝悉心培养的官僚阶层的后备军，其素质的高低直接关系到两汉国家的发展，故两汉在选拔学生入太学时都非常慎重，有明确的资格规定。为了保证太学生安心学习，汉朝对入太

太学

学学习的学生给予免除徭役的优厚待遇。同时，为了保证人才质量，两汉都制定了较完备的考试制度，通过者方可授官，量才录用。太学生们深知通经即可入仕为官，因此在学校学习期间大都较为刻苦，致力于经学的钻研与研习，且洁身自好。学习生活之余，太学生积极参与国家政治生活，"清议"朝政、联络官僚士大夫，共同反对宦官集团，推进国家统治的清明。在两汉时期，国家制定了以"四科取士"为标准的选举制度，尽管人人都有资格通过选举取得官职，但能达到"四科取士"标准的人非常少，要达到这一标准必须经过一定的培养和训练。因此，大部分太学生都达不到这个标准，只能学毕归乡。在太学的管理中，任一机构的设置都不能脱离国家的管理。都要由国家统一管理。国家不仅专门设置了管理太学的机构，同时也针对具体问题制定了具体的管理措施。从管理机构方面来看，太学由太常直接管理，其后勤保障由大司农和将作大匠来完成。从管理措施来看，太学通过确立学籍和制定请假制度对太学生进行严格管理，使其专事学业，不致分心。

鸿都门学：我国的第一所文艺专门学校

东汉末年宦官当权，朝政腐败，遭到儒家士大夫官僚集团的猛烈抨击，太学师生自然附和朝中的士大夫集团。在尖锐的斗争中，宦官集团为了维护在政治上的优势地位，企图培养依附于自己的知识分子队伍，来与士大夫集团相抗衡。他们利用汉灵帝刘宏对文学艺术的嗜好，于178年在洛阳鸿都门外建起学校，学生达千人之多。鸿都门学主要教授尺牍（即书信）、小说、辞赋和字画等，并从事各种创作活动。这些项目本是儒家士大夫所瞧不起的"雕虫小技"，然而鸿都门学的学生却因其创作受到皇帝赏识而多被破格提拔录用："或出为刺史、太守，入为尚书、侍中，乃有封侯赐爵者"，与当时太学生出路困难的状况形成鲜明对照。鸿都门学从酝酿成立之始就遭到朝中士大夫的群起反对，认为这是"斗筲小人"以微才末技时托权贵而位至高官，士大夫耻于与其司列于朝，要求废除鸿都门学。鸿都门学虽是当时政治斗争的产物，只存在了短短的十余年，但它是中国第一所文学艺术专门学校，冲破了儒家经学对学校教育的垄断，也为后世各类专门学校的设立开辟了道路。

汉代地方官学

汉代最早兴办地方官学的，当推汉景帝时蜀郡太守文翁。文翁为改变蜀地文化落后于中原的状况，亲自挑选了十余名聪敏有才者，派到京城，有的随博士学习，有的学习法律。他节省府库开支，购买蜀中特产赠给博士以表酬谢。几年后这些人学成归蜀，文翁均予以重用。他又在成都建起学舍，招收下属各县的子弟入学，免除他们的徭役，弟子学成后，从中择优选拔录用。文翁平时巡视各县时，会让自己优秀的弟子随行，代为传达教令，以此给弟子增添荣耀。于是各地吏民争先恐后遣子求学，甚至不惜出重金谋取弟子资格，蜀地劝学重教的风俗从此形成。汉武帝即位后，大力推广文翁兴学的做法，"乃令天下郡国皆立学校官"。西汉末年王莽执政时，按地方行政系统设置学校。郡国一级设"学"，县、道、邑、侯国一级设"校"，各配备经师2人；乡一级设"庠"，乡以下的基层单位"聚"一级设"序"，各配备《孝经》师1人。东汉前期地方教育相当发达，班固《两都赋》中赞颂"四海之内，学校如林，庠序盈门"，正是当时地方学校昌盛的写照。

郡国文学掾史是汉代地方官学的教师。文学官多由学者名流担任，除作为郡国长官的学术顾问外，在地方官学之外也从事教授诸生的活动。汉代碑刻文学中有许多关于地方官学的记载。例如《蜀学师宗恩等题名碑》文中，除列有文学掾外，还有《易》掾2人、《尚书》掾3人、《诗》掾1人、《礼》掾2人、《春秋》掾1人、文学孝掾（疑即《孝经》掾）1人，有专经教师从事教学的分工，已与太学相似，当然，只是在文教事业发达的地区才能达到这种规模。地方官学还是当地从事礼教活动的中心场所，如韩延寿在颍川（今河南禹县）"修治学宫，春秋乡射，陈钟鼓管弦，盛开降揖让"，李忠在丹阳（今安徽宣城）"起学校，习礼容，春秋乡射，选用明经"，卫飒在桂阳（今湖南彬县）"修庠序之教，设婚姻之礼"，都是以地方官学的礼教典范来推动社会风尚的转变，培养学术人才仅为其次。汉代地方官学师资的学术水平一般偏低，且兴衰无常，与中央官学没有衔接措施，朝廷对地方官学也没有考试升迁的专门措施，因此各地有志于求学上进的人，均力争赴京城太学去学习深造，或投拜于有学术造诣的私家大师门下。

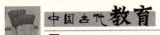
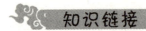

班固与《两都赋》

　　《两都赋》是汉代文学家、史学家班固创作的大赋，分《西都赋》、《东都赋》两篇。据其自序所说，自东汉建都洛阳后，"西土耆老"希望仍以长安为首都，班固因作此赋以反驳之。《西都赋》由假想人物西都宾叙述长安形势险要、物产富庶、宫廷繁华等情况，以暗示建都长安的优越性；《东都赋》则由另一假想人物东都主人对东汉建都洛阳后的各种政治措施进行美化和歌颂，以此说明洛阳当日的盛况，已远远超过了西汉首都长安。后来张衡的《二京赋》、左思的《三都赋》，在形式上都颇受其影响。

秦汉时期的私学教育

　　在秦汉之际，民间的私家学术活动就已经恢复。楚汉相争时，刘邦举兵围鲁，"鲁中诸儒，尚讲诵，习礼乐，弦歌之音为绝"。汉代吸取秦王朝覆灭的教训，意识到不能对私学采取摧残和取缔措施，只要引导，民间学术活动还可以起到维护社会秩序、促进教化和培养人才的作用。既然太学名额有限，地方官学又一时难以普及，私学的兴起可以补充官方教育的不足，是两全其美的事。因此汉代统治者对私学采取开放政策，允许私人收徒讲学，对教学内容一般也不加限制，诸子百家及各类知识技能均可传授。独尊儒术后，政府则鼓励民间的经学教育活动，凡学有所成者，均有可能通过选士的途径得以录用。杨仁为什邡（今属四川）县令时，鼓励子弟求学，凡通经术者，均录用到县署，或举荐到朝廷，于是境内出现了许多民众自办的义学。私学经师在学术研究和传授活动中声望卓著者，可被任命为博士而执教太学，或被地方当局聘为本地官学教师。而博士及其他有学术造诣的官员，也都会私人收一些弟子和门生。官方教育与民间教育相互沟通，这正是汉代经学教育昌盛的体现。

 1. 儒家经学的私家传授

汉代民间教育活动的主体便是儒家经学的私家传授。西汉时经学尚处于恢复兴起阶段，因客观条件的局限，特别是博士官学一时占据绝对优势，故私学的规模不大。至东汉时，各经学学派繁衍滋盛，不仅博士之学发生分化，"在野"的今古文经学也不断发展。各派经师为了扩大学术影响，争取政治上的地位，都要在私家传授上下工夫。造纸术的广泛应用使书籍数量剧增，洛阳等大城市已有了出售书籍的市场，这样就为更多的人提供了学习条件。东汉私学数量和规模都有极大发展，一名经师常有数百乃至数千弟子，张兴有弟子10000人，蔡玄的门徒达16000多人。这些私学的规模不逊色于太学，而太学仅有一所，私学则遍布各地，可见私学承担着当时经学传授的大部分任务。

私学一般只有一名经师，而弟子成千上万，这样的比例显然不可能让经师遍教每一位学生。不过私学弟子有"著录"与"及门"之分，在弟子名册上有相当一部分是只挂名而不亲身前来受教的，即所谓"著录弟子"。这些人或是在家自学经师的著述，或是根本不学，仅谋取一个师生关系的名义而已，因这种师生关系在当时具有重要的社会作用。从董仲舒开始，汉代私学多实施"次相授受"的教学法，即由经师先把学业传授给少数高足弟子，再由这些高足弟子分别传授给其他弟子，逐次相传，即可应付所有弟子的求学需要。以东汉经师马融为例，他有门徒400人，其中能得到他亲自教诲的仅50余人，其余的人则靠间接授受。郑玄在马融门下，最初竟三年未能得见其师一面。后因马融考论图纬遇到困难，有人推荐郑玄善算，于是叫他前来帮助计算，郑玄才有机会向马融当面请教。不过当时有一种"大都授"，就是经师总集诸生进行讲授。汉成帝时，宿儒胡常采用这种方式，翟方进派自己的弟子门生前去听讲，可见"大都授"不限于自家私学，社会上一切有兴趣的学者都可以参加。

私学都是由学者在民间自办的，有较大程度的独立性和自主性。私学教学内容比较多样化，那些不被列入官方正宗学说的古文经学，就是在私学中得到传授和研究的，并以此获得广泛的社会影响。私学的学术色彩比较浓厚，师生多抱潜心治学的态度。私学的教学比较富于生气，学生可以自由择师，教师也可以自由讲学，因此许多私学出身的学者，其经学造诣并不逊色于博士。《后汉书》中所载各类经学著述共百余种，90%以上是由非博士的私家经师所编纂的，由此可见，私家传授对经学发展的巨大推动力。

2. 其他学术的私家传授

除经学的私家传授外，其他学术及技艺也有私家传授，而这些教学内容是当时官方教育所没有的。

即使在汉武帝独尊儒术后，道家学说依旧有较大的社会影响，也屡有私家传习的记载。汉成帝时，严遵卜筮于成都，每日挣得百钱足以谋生后便停业传授《老子》，著有《老子指归》十余万言，学术上颇有地位。安丘先生也是当时著名的道家学者，王莽堂弟王伋和东汉初名将耿弇之父耿况都曾跟随他学习《老子》。桓帝时，杨厚辞官归家，修黄老之学，教授门生，著录者3000余人。这些人本多为儒生，他们传习《老子》，或者出于涉猎博学的兴趣，或是在政局动荡下作为"修身自保"的手段。东汉后期道教创立，《老子》成为宗教教义，传授范围更广。张陵在川汉一带创"五斗米道"，成为后来道教正统——天师道的本源。至其孙张鲁，三代传教，以《老子》教化民众。早期佛教在中国的传播也与道教有关。鱼豢《魏略》记载公元前2年博士弟子景庐接受大月氏使者伊存口授《浮屠经》。佛教和道教后来形成以寺观为场所的宗教教育，仍属民间教育的一部分。

在汉代，还开展各类专门知识技能的传授。刑律有私家传习，如郭躬继承父业，传习《小杜律》，教授门徒常有数百人之多。据《晋书·刑法志》记载，东汉时有关刑法的章句之学已有十余家，共数十万言，可见刑律的传授相当广泛。古代最重要的自然学科是天文和历法，传习者也众多。《史记·日者列传》记载，汉初隐士司马季主与弟子讨论"天地之道、日月之运"，并有总括性讲论数千言，颇有条理。汉代张苍首治律历，一时研究律历者均以张苍之说为本。后有焦延寿的"六十律"历法，刘歆的"三统历"，均广为传习。东汉末年刘洪等考校王汉所上《月食注》的师法，可见律历已久有师传关系。汉代医学相当发达，医师行医同时也收徒传授，例如华佗有弟子吴普、樊阿等，他给吴普讲论运动能防治疾病的道理，并传给体操"五禽戏"。他还传给樊阿"漆叶青黏散"等方剂。汉代各种技艺、方术，如灾异、图谶、卜占、推步、相术、武技等，也多有自己的私家传授，其中虽有不少荒诞、迷信的内容，但也并非全是无稽之谈。当时有"富为上，贵次之；既贵，各各学一伎，能立其身"的传语，古代的科学技术正是依靠这种私家传授才得以不断延续和发展的。

知识链接

郑玄千里拜马融

郑玄（127—200年），字康成，北海高密（今山东）人，东汉末年的经学大师。

郑玄自幼勤奋好学，熟读经史。12岁时，随母还家，正赶上腊会，有十多人在那里欢聚，他们都穿着华丽的服装，高谈阔论。郑玄对此非常冷淡，离他们很远，其母催促多次，让他参与，他说："此非我志，不在所愿。"说完就离开人群到别处读书去了。

后来郑玄在乡里任啬夫之职，主管乡间民事诉讼和收取赋税，每逢休息时他都前往学府，向老师请教各种经学问题。他不愿意担任官吏，立志读书，这让他父亲非常愤怒，但也没能改变他的志向。后来郑玄干脆辞职进入太学学习，白天在学校学习，晚间还经常读书到深夜。

郑玄立志求学，多方拜师，研究义理，力求深透。他一开始拜京兆第五元为师，研读《京氏易》、《公羊春秋》、《三统历》及《九章算术》。掌握这些经典内容后，又拜东郡张恭祖为师，学习《周礼》、《左传》、《韩诗》、《古文尚书》等。郑玄读书非常精细，认真圈点评注，每有所得，就在书上写眉批，蝇头小字写得密密麻麻，见解十分独到。他治学严谨，从不妄加揣测和品评，不懂就问，到处寻访名师，山东有名的学者他几乎都登门求教过。

当时的著名学者马融精通经史，学识渊博，名重一时。郑玄千里迢迢西入关中，经卢植介绍拜马融为师。马融共有学生四百多人，准许进入课堂听讲的仅五十余人，多是学识水平较高者。郑玄拜在马融门下后，整整三年都没有见到老师。马融派学业成就优异的学生去教郑玄，郑玄不仅没有因为未能亲自聆听马融的教诲而失望，反而夜以继日地发奋读书，更加孜孜不倦，学识也大有长进。有一天，马融召集许多弟子考论图纬，遇到许多问题不能解答，听说郑玄善于计算，便在楼上召见郑玄。郑玄才思敏捷，回答准确，计算迅速，令马融和他的学生很是惊奇，赞叹不已。郑玄借此机会，把几年来在经学上的疑难问题全部提出来，马融一一作以解答，郑玄顿开茅塞，心里非常高兴。解答完毕，郑玄就和老师马融告别，返回山东。马融依依不舍，长叹一声对他的学生说："郑生今去，吾道东矣。"

郑玄在外地学习十多年，亲眼目睹了东汉黑暗的社会现实。他憎恶那些不择手段追名逐利的势利小人，甘愿当一个正直的学者，毅然回乡务农，自食其力。虽家境贫寒，马融仍坚持办学教书，跟随他学习的有上千人。

当时学习的主要内容是"六经"。给"六经"作注释的人很多，大家各持己见，往往洋洋几十万言，却言不及义，使人不得要领，无所遵循。郑玄综合诸家所见，"刊改漏失"，删繁就简，使"学者略知所归"，大大减少学习难度，深受学生们的欢迎。

何进、董卓、袁绍多次征召，郑玄拒绝赴任，安贫乐道，一心教书，培育人才，郗虑、王基、崔琰这些名倾一时的汉魏贤臣都出自他的门下。郑玄"隐修经业，杜门不出"，潜心钻研，以"述先圣之元意"、"整百家之不齐"为己任，著书立说，自成一家。郑玄一生著述甚丰，所注释的书有《周易》、《尚书》、《毛诗》、《仪礼》、《礼记》、《论语》、《孝经》、《尚书大传》、《中候》、《乾象历》等，又著《天文七政论》、《鲁礼禘祫义》、《六艺论》、《毛诗谱》、《驳许慎五经异义》、《答临孝存周礼难》等，共一百多万字。郑玄在经学界是很有权威的，他兼修今古文，融汇古今学说，见解超常，注释翔实，"义据通深"。唐初作《五经正义》多采用郑玄注释，足见其影响之深。总之，郑玄为我国文字学、训诂学及史学作出了很大贡献。

鼎盛发展的魏晋南北朝与隋唐教育

　　在魏晋南北朝时期，中国的古代教育时废时兴。这期间玄学盛行，统治者忙于战乱，无暇顾及教育，官学时修时毁，教育制度在断断续续中延续。这样的时代为教育思想的自由发展提供了空间，私学得到了很大程度的发展。魏晋南北朝时期，教育的破败为隋唐教育的勃兴提供了动力。隋唐时期，中国古代的等级性教育制度走向了顶峰，尤其是学校教育制度的完善与科举制度的形成几乎影响了整个中国封建社会教育的框架与形貌。从某种意义上说，隋唐时期的教育代表了中国古代的主要教育形态，是具有重要历史意义的一个教育发展阶段。

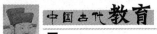

第一节
魏晋南北朝时期的教育

　　东汉中平六年（189 年）初春，汉灵帝驾崩，由此导致了东汉外戚与宦官矛盾的爆发。各地军阀借此机会争取领地、相互割据，在此后的近 400 年间，中国一直处于分裂割据的状态。

　　汉献帝元康元年（220 年），在曹操统一北方的基础上，其子曹丕以"禅让"的方式建立魏国。221 年、222 年，刘备、孙权相继在西南、江东称帝，合称三国。三国鼎立的局面持续了 60 年。晋泰始元年（265 年），河内大族司马炎代魏立晋后，于晋太康元年（280 年）灭吴，实现了短期统一。但由于西晋统治者内部的腐朽与倾轧，激化了内部民族矛盾，晋建兴四年（316年），洛阳被攻破，西晋灭亡。晋皇室东渡，于建康重建政权，史称东晋。此后在北方和长江上游出现了所谓"五胡十六国"，历经北魏统一的北方，随后又出现了东魏、西魏和北齐、北周的分裂。而南方继东晋之后，也出现了宋、齐、梁、陈四个前后交替的王朝，史称南北朝。因此，魏晋南北朝是中国历史上政权更迭最频繁的一个时期。魏晋南北朝时期的文化发展受到了长期封建割据和连绵不断战争的极大影响。该时期始于汉魏，曹操雄踞北方，在思想理论上推崇道法结合的刑名之学；魏晋时期，道法由结合逐渐走向破裂，以道家思想为骨架的玄学思潮流行，批评、排挤儒法学派；西晋后期，玄学思想走上极端化的发展道路，开始有损于封建政权的巩固，对道家和玄学的批判日益高涨；东晋时期，佛教开始流行，它借助了道家、玄学的思想与方法，进而出现了玄佛合流的趋向。儒学极力在这种复杂的形势下维持自己的正统地位，但没有足够的理论系统和创造性，显得非常乏力。总之，玄学的兴起，佛教的输入，道教的勃兴，波斯、希腊文化的传入，儒学的极力抗争，是影响本时期教育活动的重要因素。

 魏晋南北朝时期教育制度的改革

 1. 不稳定的文教政策

魏晋南北朝时期，社会变动对教育产生了巨大的影响。分裂时期，战争连绵、选举混乱的局面深刻影响着统治阶级的教育政策，影响着教育活动的健康发展。从文教政策方面来看，该时期很少有系统、清晰的文教政策出现，这反而使得这一时期的文教政策有了一些新特点：

（1）学校时废时兴。这是因为统治者忙于纷争，无暇顾及教育，对学校教育关心不够。魏文帝黄初五年（224 年）于洛阳建立太学，但太学校舍到处是灰土，以致难以在短期内清理干净。刘备定都蜀地后才设立太学，但建国后很长时期内都没有设立五经博士。到了西晋，晋武帝非常重视教育，一度曾出现了教育繁荣的景象，但时间太短。在东晋，国学每临战乱即解体，反反复复达三次。在南朝，朝代更替频繁，内外矛盾激烈，学校教育难以继续。到了十六国和北朝时期，学校教育与汉化教育联系在一起，统治者对教育较为重视，但依然是时兴时废，兴时短，废时长，难以形成完整而系统的教育体系。

（2）玄学化。在该时期，儒学受到排挤，玄学兴起，成为封建社会文教政策的新基点。尽管魏、蜀、吴三国都注重儒家经学，没有玄学化，固守传统，但这都是暂时现象。而在南方，儒学与道佛结合得较为紧密，玄学之风影响非常广泛，在学校教育中占有重要地位。

（3）察举制度走向衰落，士子的求学热情渐消。在该时期，封建门阀世族在政治上占据主导地位，根据血统他们就可以占据高位，而寒门庶族即使品学兼优、才智过人，也只能列入下品。在这种情况下，察举制度名存实亡，挫伤了士人的求学热情。

 2. 魏晋南北朝时期教育的特点

魏晋南北朝的教育是中国古代教育发展中的一个特殊阶段，中国古代教

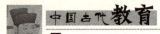
育依然沿着自身的轨道向前延伸，教育的理念处在融合、蜕变、更新的时期。在魏晋南北朝时期，我国古代教育出现了以下特点：

（1）汉文化教育大规模传播。在这一时期，汉文化传播主要是以各少数民族被"汉化"的途径来实现的。各少数民族上层积极学习汉文化，甚至以精通汉文化为荣。此时，少数民族通过向汉族士人习得以及把子弟送到长安学习、到太学中游学等方式来学习汉文化。同时，各少数民族上层的汉化也为汉文化教育向各少数民族中下层的广泛传播提供了条件。各少数民族上层对汉文化的认同，使他们热衷于汉文化教育的传播。他们在国内邀请汉学名儒讲学，设立学校，甚至亲临学校检查诸生的学习成绩，督促其学习汉文化。汉文化教育的大规模传播使汉文化和各少数民族文化之间相互交融，结出了累累硕果。少数民族争相学习汉族的政治、经济、教育制度，学习汉族的治国理念，推进了汉文化的发展与传播。

（2）等级教育出现。在汉朝末期，由于察举制的衰落，士子主要通过门阀登入仕途，而寒门庶族则难有擢升机会，于是等级教育便应运而生。在此情况下，该时期的太学、国学中的学生大都只有贵族而无庶族。

（3）私学教育昌盛。随着门阀制度的普遍，魏晋南北朝时期，官学衰败，私学遂走向发达。在该时期，政局紊乱、政权更迭频繁，教育政策没有延续性，统治者无暇顾及官学，这就给私学发展留下了巨大空间。那些潜心学术研究之人就建立私学，大力培养学术继承人。同时，思想界的巨变也对私学发展起了极大的推动作用。在该时期，主流统治思想儒学失宠，思想界出现了多元化发展趋势，学者各创私学，传播各家经典，私学盛极一时。另外，宗族组织的发展也推动了私学的兴盛。到了魏晋南北朝，宗族组织日益强大，许多自然村落都出现了宗族组织，学校教育就成为维系这些宗族组织的重要手段。在农闲期间，各宗族聚徒讲学，私学活动非常活跃。正是由于上述原因，该时期的私学所覆盖的层面远比东汉广阔，入私学而受教育的人数激增，而且教授内容也比东汉丰富得多。

三国时期的学校教育

到了汉朝末年，天下纷争四起，群雄割据。在三国竞争中，曹操独霸中原，其子曹丕建立了魏政权；刘备盘踞蜀国，建立了蜀政权；孙权割据江东，建立了吴政权，形成了三国鼎立的态势。各国在不同时期建立起了不同的学校。

1. 魏国的学校教育

魏国的学校教育分为太学和地方学校两类。太学创立于魏文帝时期，建立最早。建安七年（202 年），曹操下令搜寻在战争中牺牲的将士后裔及其亲属，给予他们土地的同时设学兴办教育事业。第二年七月，曹操在更大范围内开展了创办教育的活动。他下令郡国各地都修习文学，凡满 500 户的县都设置校官，选乡里的俊秀之士入学学习。据记载，建安二十二年（217 年），曹操自封为魏王后曾在邺城建立了泮宫。在这个时期，太学基本上延续了两汉的建制，如严格规定了太学生和博士的编制，在博士中选择聪明有威信的一人做博士祭酒，总

曹操

管太学的各项学业及相关事务。曹操统治时期的地方学校一般都为官立，设在各郡（国）县，奉行考试之法，成就较为显著。建安八年（233 年），曹操下令，要求各郡县设立专管教学的官职，大力兴办郡县学校。到了魏文帝时期，地方学校的发展受到了许多有识之士的重视，如济阴太守郑袤、陈留太守刘劭等都对地方学校发展作出了很大的贡献。

2. 蜀国的学校教育

蜀国也较为重视学校教育，诸葛亮对蜀国学校教育的发展立下了汗马功劳。诸葛亮强调：人的学问不是天生的，才能不是靠家世遗传的，而是靠潜心钻研获得的，所以人必须通过学习才能具有学识，成为有才之人。刘备称帝后不久，在诸葛亮的建议下，设立了太学。在太学中，也设立博士，专门开展教学活动。在学术风气上，蜀国的学校中主要研习古文经学，涌现了一

批经学大师，如许慈、尹默精、来敏等。后来，诸葛亮担任益州牧，任命经学大师谯周为劝学从事，任命大将军蒋琬为典学从事，大力发展益州教育事业。

3. 吴国的学校教育

吴国成立后，孙权下诏要求设立都讲祭酒，开展教学活动。孙权虽然设学较早，但由于多种原因而未加重视。吴景帝登基后，于258年正式下诏置学官，设立五经博士，遴选将士与官吏子弟入学学习。吴国的教育体制大体与蜀相同，也采取博士领衔制。吴国的地方学校继承了汉代的学风，主要研习今文经学。

两晋时期的学校教育

尽管战乱频仍，两晋的统治者也时有办学行为，学校教育仍在延续。

1. 西晋的学校教育

晋泰始元年（265年），河内大族司马炎建立了晋，史称西晋。在西晋时期，门阀士族占据统治地位，造成了"上品无寒门，下品无士族"的等级化政治格局，思想文化上盛行玄风。晋武帝在位时统治清明，也非常重视教育活动。在教育制度上，西晋沿承了魏国的制度，变化不大。泰始六年（270年），晋武帝亲临辟雍，行乡饮酒之礼，并赐太常博士和学生以帛、牛、酒，太学教育活动依然在延续。西晋在太学中设置了博士19人，并于公元272年对太学进行了整顿，削减了冗余生员，淘汰掉了近4000人。咸宁二年（276年），晋武帝下诏设立了国子学，国子学是一种新型的官学形态。咸宁四年（278年），统治者又对其做了具体规定：定置圈子祭酒、博士各1人，助教15人，以教生徒；要求所选博士必须履行清淳、通明典义。这是封建官学教育贵族化的开端，是门阀政治在教育上的反映。元康元年（291年），晋武帝把太学和国子学明确区别开来，规定：只有官职五品以上的子弟方可入学，天子行礼应去国子学而非太学，太子应离开太学入国子学。这样，封建教育的等级化日益明显了。西晋的太学及国子学都由祭酒和博士执掌，儒学经学仍是其教学内容的核心。由于统治者的重视，西晋国子学和太学都经历了短暂的繁荣。相对而言，西晋的地方学校一直处于放任自流的状况。地方学校的盛衰，取决于州郡县官吏自身是否重视。

2. 东晋的学校教育

晋元帝建武元年（317 年），琅琊王司马睿在建康即位，建立东晋。东晋时期，士族与皇权分庭抗礼严重，统治风雨飘摇。门阀士族势力日渐强大，他们凭借着自身的政治、经济、军事、文化实力，交替控制着政权。东晋的学校教育也受着门阀政治的影响，学校教育始终处于时兴时废的状态。学风腐化，落入流俗，导致了学校教育无人问津，校舍年久失修。当然，门阀士族中也有一些有识之士，如谢安等人，他们心系大局、关怀国家，因而也比较重视教育事业。王导首先提出兴学的主张，他是琅琊大族、中兴功臣。晋元帝即位后不久，王导上书朝廷主张"建明学业，以训后生"，要求选择聪慧之士入学，遴选名师从教，要求统治者重视教育的教化功能。在他的努力下，晋元帝设置了史官，建立了太学。大兴二年（319 年），政府为学校设置了博士员 5 人，派皇太子于太学讲经行释奠礼。随后不久，太学被毁。晋成帝咸康三年（337 年），国子祭酒袁瑰、太常冯怀再次上书，要求重兴太学，晋成帝于此年再立太学。352 年，太学再次被毁。淝水之战后，孝武帝于 384 年要求各州郡都办乡学，同时又选公卿 2000 石的子弟入中央官学即国子学和太学学习。后来孝武帝在中堂设立了太学，选取学生 120 人，其中太学生与国子生各占一半。在东晋太学或国子学中，设博士主持教学活动仍是教学上采取的主要做法。晋元帝时期，设博士 5 人，后又扩展为 9 人，最后增加到 16 人。在博士下设助教来教生徒，课程设置主要为古文经学。

东晋的地方学校教育始于孝武帝时期，太元九年（384 年）谢石上书建议普修乡校，但没有得到具体落实。在该时期，范宁对地方学校的设立贡献很大。在范宁任地方官时，他身体力行、匡正时俗。他在余杭任县令时，下令兴办学校、招收学生，鼓励有志之士入学求教。后来，范宁担任豫章太守期间，又在该地大兴学校，大大推进了东晋地方学校的发展。

3. 十六国时期的学校教育

西晋灭亡后，北方各少数民族纷纷入主中原，建立了具有各自民族特色的国家。为了保持本民族的统治方式，各少数民族的上层统治者接受了汉族文化。由此，汉文化获得了最广大范围的普及和传播，各少数民族的文明程度随之提高。在该时期，许多有助于学校教育复兴的举措引人关注，如匈奴刘氏等人发展教育的措施。刘曜即位后，设立太学于长乐宫东，在未央宫西设立小学，遴选有学问与才德的人任教，甚至在太学设国子祭酒、崇文祭酒等职，有利于国子学制度的延续。再如后赵时期的学校教育，羯人石勒非常欣赏汉文化，常常让人读书给他听。在教育制度改革上，他重视选拔汉族人才、兴办学校、重儒崇经，立太学于襄国，增设了宣文、宣教、崇儒、崇训等十余所小学，培育后赵政权的继承者。此外，他还建立了一批教育设施，如明堂、辟雍、灵台等。他还改革九品中正制，改变了其维护门阀政治的性质。除此而外，在该时期还有鲜卑诸国、氐人诸国、羌人后秦和汉人各政权设立的学校教育等，它们共同构成了十六国时期的学校教育。

南朝时期的学校教育

1. 刘宋的学校教育

南朝共持续 170 年，先后历经宋、齐、梁、陈四朝。宋武帝刘裕于永初三年（422年）下诏建立国学，并任命范泰为国子祭酒，由裴松之担任国子博士，着手制定了具体的教育改革措施，但未能如期实施。文帝元嘉十九年（442 年），宋朝建立了国子学。宋文帝父子十分重视国子学，于元嘉二十二年（445 年）令太子亲临释奠，振兴教育。后来由于宋魏战争的爆发，国子学在 450 年的时候被废弃。孝武帝上台后，政局渐趋稳定，于大明五年（461 年）重办国学，让皇亲贵族子弟入学。宋明帝泰始六年（470年），统治者设立了一个集藏书和研究为一体的机构——总明观，并设置祭酒、访举等

宋武帝刘裕

职位各 1 人，举士一职 20 人，具有教育机构的性质。在总明观中，分别设立儒、道、文、史、阴阳五部，实施了文帝时期创立的分科教授制度。

专科学校的建立是南朝时期学校教育发展的一大特色。宋文帝时期，由于当时官学荒废情况严重，他就征集各地名师来京师在鸡笼山开学馆。他命何尚之立玄学馆、何承天立史学馆、谢元立文学馆、雷次宗立儒学馆，共同开办学校教育。此后，南齐还设立了律学博士，梁武帝于天监四年（506 年）设立了律学馆。这些学馆是我国古代专科学校设置的开端，它开创了分科教授的教学制度，打破了我国传统的以经学为唯一课程的学校教育制度，繁荣了古代文化，为隋唐专科学校的发展打下了基础。

 2. 萧齐的学校教育

宋升明三年（479 年），宋朝相国兼齐公萧道成自立，建立了齐国。他十分重视学校教育。建元四年（482 年）春，萧道成下诏全国精选儒官、开办学校，大力兴学。根据规定：当时国学设置学生 150 人，设置空余学额 50 人，为那些愿意学习的人士专门设置。在国学中设祭酒、博士、助教三级教师职位，专门教授经学。齐武帝永明三年（485 年）正月，又下诏兴学，选拔学生 200 多人，并任命王俭为祭酒，陆澄为国子博士，国学日益成型。永明四年（486 年），武帝亲临国子学讲《孝经》，并赐园子祭酒、博士、助教等礼品，以显示对国子学的重视。

 3. 梁代的学校教育

齐中兴二年（502 年）四月，梁公萧衍灭了齐建梁。萧衍喜欢经学，力推梁代学校教育的发展。梁武帝采取了一系列有利于学校教育发展的举措，如广开学馆、招集学生。天监四年（505 年），梁武帝下诏要求社会重视经学教育，对有志于教学教育的人士进行奖励，并设置了"五馆"，让明山宾、沈峻、严植之等人各主持一个学馆，教授学生，由官府提供食宿。同时，梁武帝下令设立国子学，严格考试制度。梁武帝十分重视国子学的教育，510 年曾两次亲临国子学，测试学子，赏赐优秀学官，鼓励有识之士入学就读。建士林馆是梁武帝对学校教育的又一贡献。大同七年（541 年），在梁武帝的号召下在宫城以西设立了士林馆，专门开展讲学与研究活动。

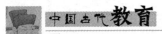
 4. 陈代的学校教育

梁太平二年（557 年），陈霸先灭梁建陈。陈武帝也十分重视学校教育，曾着手恢复学校教育机构。永定三年（559 年），他下诏设置了"博士"一职，专门负责文教事业。陈文帝也曾于天嘉元年（560 年）采纳了学士沈不害的上书建议，开始了办学设学活动，国学和太学随之设立。

总之，南朝学校教育制度的特点是时断时续，统治者非常重视中央国学、太学等教育机构的设立，而对地方学校则关心不够，使之一度处于自生自灭的状况。专科学校的设立，儒学独尊地位的取消，玄学、佛学的发达是该时期学校教育的一大特点。

 ## 北朝时期的学校教育

北朝是指魏（北魏、东魏、西魏）、齐、周三朝，历时约 200 多年。在该时期，少数民族的文化开始融入汉文化之中，以儒学为核心的封建文化教育开始在少数民族中传播。该时期北魏、北齐等国的学校教育制度值得关注。北魏的学校教育分为中央国学和地方乡学。北魏的中央学校有太学、国子学、四门小学、皇宗学、律学和算学等，后两者属于专科学校。在中央官学中，课程以儒家经学为主，传播儒家文化是其重要的特点。整个教育内容受玄学影响少，学风朴实，继承了两汉传统。在北魏时期，州郡县的地方教育也很受重视。献文帝天安年（466 年）初，相州刺史李訢上书建议兴建地方学校，受到了统治者的重视，故在献文、孝文、宣武、孝武等朝代，地方学校有了一定的发展。北齐政权是鲜卑化了的汉人和鲜卑民族中的六镇人建立的，他们大力提倡鲜卑文化，故北齐教育发展极为缓慢。尽管文宣帝高洋在 550 年下令设立国子学，但北齐全国上下对教育的热情并不高。在北齐时期也设立了州郡学校，甚至还设立了博士、助教等职，但成效不大。这种情况到了北周时期有所好转。宇文泰、宇文护等人在汉人的帮助下推行政治、经济、军事上的改革，故对学校教育也有所重视。北周的学校教育的基本方针是宇文泰时由汉人苏绰制定的，他提出了六条诏书，其中包括择贤良、敦教化等建议，推动了学校教育的发展。

第二节
隋唐时期的教育

隋唐时期，我国古代教育的发展到达了一个高峰，尤其是唐朝，教育管理体制日益健全，学校形态丰富多彩，科举制度日益健全，教育方式林林总总，教育思想推陈出新，是我国古代教育发展中最为辉煌的一个阶段。

 隋唐时期的文教政策

在统一各股割据势力之后，隋唐确立了新的文教政策，其主旨为重振儒学，兼融佛、道，三教并用，以实现对整个社会的思想与文化的统治。儒学、佛家、道家是隋唐文教政策的三个立足点，在不同时期，随着统治者的偏好与实际需要的变化，三个教派在隋唐文教政策中的地位不断变化。

1. 重振儒学

魏晋南北朝以来，由于社会动乱、玄学兴起，儒学地位日益下降，越来越不受重视，而佛教、道教则日趋兴盛。隋文帝时期，统治者已经认识到了三个教派各自的优越性。相对而言，统治者更加认可儒学在教化百姓、养育人才方面的特殊重要性，因此，崇儒之风渐盛。隋唐统治者下令广泛征集儒家经典，以高官厚禄礼聘全国的儒士、儒生，命令他们在全国各地兴办学校，培养优秀学子，以备国家选聘。583 年，隋文帝杨坚下诏，其中称："朕君临区宇，深思治术，欲使生人从化，以德代刑。"同时下令全国各州县都设立博士以习礼，扩充京师的国子寺规模，并将儒家经典文献加以整理、分类，分为甲、乙、丙、丁四目，分别归入经、史、子、集四类，为儒学教育提供了

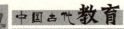

丰富的教学内容。唐朝对崇儒政策的热情依然不减。唐高祖李渊在开国之初，就非常喜欢儒臣、儒士，甚至在国子学内设立周公、孔子庙各一所，经常祭奠。624年，唐高祖颁布了《兴学敕》，要求"敦本息末，崇尚儒宗，开后生之耳目，行先王之典训"。628年，唐太宗李世民下令立孔子为先圣，立颜回为先师，在他登基前还在王府内设立文学馆，召集房玄龄、魏征等儒士为学士，诏令各州县学都设立孔子庙。贞观十四年（640年），唐太宗诏令孔颖达等人撰写《五经正义》并颁行天下，把《周易》、《尚书》、《毛诗》、《礼记》、《左传》等的修订本作为官方颁布的经学权威著述，并规定每年的明经科科考试也以《五经正义》的论述为基准。隋唐教育政策的主体内容就是确立了崇儒政策。

 知识链接

曾子避席

"曾子避席"的典故出自《孝经》。曾子是孔子的得意弟子，有一次他在孔子身边侍坐，孔子问他："以前的圣贤之王有至高无上的德行，精要奥妙的理论，用此来教导天下之人，人们就能和睦相处，君王和臣子之间互相也没有什么不满，你知道这是什么道理吗？"曾子听了，明白老师孔子是要指点他最深刻的道理，于是立刻从坐着的席子上站起来，走到席子外面，恭恭敬敬地回答道："学子愚笨，哪里能知道这些，还请老师把这些道理教给我。"在古代，人们席地而坐，地上铺一张席子，"避席"是一种非常礼貌的行为。当曾子听到老师要向他传授知识时，便站起身来，走到席子外向老师请教，这是为了表示他对老师的尊重。

 2. 兼融佛道

同秦汉不一样的是，隋唐不仅崇尚儒学，而且也不排斥其他教派。在重儒的同时提倡佛教和道教，促使三者共同发展、相互吸收，是隋唐文教政策的一大特点。隋文帝笃信佛教，多次尊称佛教为"圣教"，并且下诏广修舍利塔，刻印大批佛经，在不影响儒学地位的同时提倡佛教与道教，使它们共同为封建统治者服务。与隋朝相似，唐代也倡导道教、佛教，甚至还提出过"二教并举"的政治口号。唐高祖曾下诏宣称："三教虽异，善归一揆"，由于自身属于李姓，唐代统治者尊奉道家开创者老子为始祖，着力圣化其统治的合理性。唐太宗认为，三教殊途同归，故支持玄奘西游，译解佛经。女皇武则天认为"佛道二教，同归于善"，所以也大力推行佛教。整个隋唐时期，儒、佛、道三教之间相互斗争，此消彼长，相互汲取，主宰着封建社会的主流意识形态，共同维护着封建社会地主阶级的思想统治。重振儒学、兼重佛道的文教政策对隋唐社会的发展产生了重要影响。三教并重文

唐高祖李渊

教政策的实施，促进了唐朝学术文化整体的健康发展。儒家在与佛教和道教的斗争中，积极吸收了佛学和道学的思想，进而促进了儒、佛、道的融合和各自的迅速发展，以此推动了唐朝学术文化整体的繁荣。在唐朝后期，儒、佛、道走向了互相融合的道路，三种教派在相互吸收中开阔了人们的认识视野，提高了人们的认识水平，对宋明理学的形成产生了巨大的推动作用。

隋唐时期的教育管理体制

从隋唐时期开始，我国古代社会日渐形成了相对完善的教育系统，上有中央的教育管理机构、国学设施，下设州县教育管理机构、府学县学，上下

连成一体，形成了庞大的教育制度，我国封建教育制度的鼎盛时期也随之到来。

隋唐时期教育事业的管理由中央教育行政机构和地方教育行政管理机构组成，它们担负着不同的职责，具有不同的权限。

1. 中央教育行政机构

我国古代自隋朝起就已经形成了较为完备的中央集权制教育行政管理体系。在中央教育行政制度设置上，隋朝废止了以司徒、太常为教育行政长官的制度，同时设立了国子寺，作为专管学校教育的中央教育行政机构，并设置了最高教育行政长官——祭酒。隋文帝时期，国子寺内设祭酒一人，总管教育事业，下设主簿、录事等职各一人。隋炀帝大业三年（617年），国子寺被改为国子监，从此拉开了中国古代教育史上设立中央教育管理机构与管理官员的序幕。

国子监

到了唐代，我国古代封建社会中央集权制教育行政体系日趋完备并趋于定型。在唐代，国子监仍旧是专门从事全国教育行政管理职务的中央行政机构，主要负责管理"六学"及广文馆。其次，国子监隶属于礼部，而礼部掌管着天下贡举方面政令的制定与发布，故成为实质性的全国最高教育行政机构。同时，在国子监之外还设置了一些其他特殊教育管理机构，如专门管理宫廷贵胄教育系统的管理机构，它们成为中央教育行政管理机构的重要补充。

2. 地方教育行政机构

隋唐时期，实行了州县二级制来管理地方教育的制度。636年，唐太宗把全国分为十道，唐玄宗李隆基于733年又改十道为十五道，道逐渐成为州以上的一级行政区划。这样，唐朝的地方行政就演变为三级——道、州、县。府州设立府尹、州刺史及少尹、别驾、长史、司马等官职，县设立县令、丞、主簿、尉等官职，其主要职责是"总治民政"、"劝课农桑"、"宣扬教化"，同时监管着创办、管理地方教育机构等职责。唐代的地方教育长官是长史，负责管理州、县设立的官学，同时负责主持地方官学中的学生考试。司功参军事也属于主管地方教育机构的官职，如官吏考察、学校兴办等。

隋唐时期的学校教育制度

在隋朝时期，学校教育制度获得了较快发展。该时期中央已经设立了"五学"，即国子学、太学、四门学、书学、算学，由国子监管辖，而律学则由大理寺管辖，在各地还设有州学、县学等地方官学。

到了唐朝，学校教育制度更趋完善。唐代建立了包括中央官学和地方官学两大系统的官学体系，为古代学校教育制度确立了典范。其中，中央官学又分为直系和旁系两部分。属于直系的学校有国子学、太学、四门学、广文馆、律学、书学、算学，合称"六学一馆"，由国子监负责管辖。其中，前四者属于大学性质，而后三者属于专科学校性质。属于旁系的学校有崇文馆、弘文馆、医学、崇玄学、小学等。不同的是，崇文馆直辖于东宫，又称崇贤馆，创立于639年，到高宗上元三年（676年）为了避讳而改为崇文馆。弘文馆直辖于门下省。医学归太医署管辖，隶属于中书省。崇玄学亦称崇玄馆或通道学，归祠部管辖，隶属于尚书省。小学隶属于秘书省，属于初级的贵胄学校。在唐朝初期，这些学校学生总数达到了2200多人，到了太宗贞观年间，学生增加到了3200人，在最高峰时期还达到8000余人。唐代官学设立的共同特点是：初步建立了由中央和地方分级管理的教育行政体制，教育等级制明显，学校类型多样化，所有学校教育机构都带有教育、研究、行政三者合为一体的性质。

唐代的地方官学也分为直系与旁系两类。其中，作为地方的直系学校，有府学、州学和县学，还包括隶属于市、镇的市学和镇学。这些学校均隶属于长史管辖。医学和崇玄学是唐朝地方设置的旁系学校。这些学校的管理权限归属于中央医学和崇玄学，归太医署和祠部管辖。

唐代的学校教育已经初步形成了一套较为完备的教学制度，尤其是官学的等级化倾向日益明显。

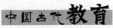
 ### 1. 入学资格与修业年限

唐朝规定：各儒学学校招收 14～19 岁的学生，所学课程大致相同，学校招生的对象受限于学生的出身与门第。一般来说，"二馆"的招生仅限于皇亲贵戚和高官、功臣子弟，等级最高，名额最少，共 50 人左右。在"七学"中，国子学地位最高，学生须是三品以上官员的子孙，名额规定为 300 人。其次是太学，入学者限于五品以上官员的子孙，名额为 500 人。另外是四门学，名额为 1300 人，其中 500 人招收七品以上官员的子孙，剩余的 800 人选八品以下官吏子弟甚至庶民中的优异之人，也招收州贡举进京省试落第的举人。最后是书学、律学、算学。它们是专科性质的学校，招生对象与四门学相同，但名额较少，大约在 50 人以下。从修业年限上来讲，中央和地方学校一般学习年限为 9 年，而书学、律学的学习年限为 6 年。

 ### 2. 束修礼

束修之礼源自中国古代的孔子，其意指学生初入学拜见教师时要带上一些礼品作为见面礼，以示对教师的敬意。从唐代开始，这种礼仪制度被朝廷明文规定下来，成为入学制度的重要内容。

交纳束修礼的多少，视学校的等级不同而异，如国子学和太学学生的束修礼为每人送绢 3 匹，四门学学生则为每人送绢 2 匹，律学、算学学生每人送绢 1 匹即可，地方的州县学生也可送绢 2 匹。在束修礼的分配原则上一般是三分送给博士，二分送给助教。久而久之，这些礼品就成为教师的固定收入来源。

 ### 3. 教学计划

为了适应科举考试制度的要求，唐代各级学校形成了一系列规范化的教学计划。在当时，人们把儒经分大、中、小三类。其中，大经为《礼记》、《春秋左氏传》；中经为《诗经》、《周礼》、《仪礼》；小经为《易》、《尚书》、《春秋公羊传》、《春秋谷梁传》。学生可以按规定选择相应的儒经来学习，其一般标准为：修习"二经"的可以是学一大经、一小经或两部中经；修习"三经"的可以学大、中、小经各一经；修习"五经"的可以大经全学，其余各选一经。同时,《孝经》、《论语》被定为公共必修科目。每一经的修业年限也有了相应规定,如《孝经》、《论语》共学一年,《公羊传》、《谷梁传》的修习时间各为一年半,《易》、《诗》、《周礼》、《仪礼》各为两年,《礼记》、《左传》各为三年。

4. 教师管理

唐代,各级官学已形成了相对完整的教师管理的办法与制度。在中央官学中设置的教师编制有博士、助教、直讲等,其中博士负责分经进行讲授,助教的任务是辅佐博士的教学工作,而直讲的任务是辅佐助教的教学工作。在各类学校中,师生皆有定额编制,如国子学设博士 7 人,助教、直讲各 5 人,学生 300 人,师生比大致为 1:25,而太学、四门学中的师生比例分别为 1:45 和 1:72。而且,各级教师还有相应的官品,如国子学博士是正五品以上,助教为从七品以上,其他六学教师的等级和待遇依次递减。在地方府学、州学的教师品秩多为八品和九品,教师间的待遇相差近 10 倍。同时,唐朝还形成了对各级教师的考核制度,如定期考核教师的德勤业绩与教学效果,并根据考核结果决定教师的升迁及奖励。

5. 学生管理

在唐代官学中已经有了关于学生考核、毕业及奖惩的明确规定。学生参加的考试分三种:旬考、岁考、毕业考。旬考、岁考由博士主持。其中,旬考考查的是学生 10 日之内所学的课程,包括诵经 1000 字,讲经 2000 字,问大义一条,笔试帖经一道。如若考生获得 3 分为通晓,2 分为及格,不及格的要接受处罚。岁考的考试内容为学生在一年以内所学习的课程,内容有口问经义 10 条,通 8 条者为上等,6 条者为中等,5 条者为下等,下等者为不及格,须留级重学。如若重学后岁试仍然为下等则罚补习,仍不及格者,则勒令退学。毕业考由博士出题,国子祭酒监考,考试及格即取得应科举省试资格。如果希望继续求学,则四门学的毕业生补入太学,太学毕业生补入国子学。

官学的学生在学期间的所有费用都由国家支付。学生的衣服、膳食都由朝廷和地方政府支付,如若学生考试成绩不佳就有可能被"停公膳",而学业、品行俱佳者还可能被给予奖励。如果"七学"中学生操行过劣而不堪教诲的，科考连续落第、违反假期规定不按时返校的，都可能被勒令退学。

在唐朝，官学中已经形成了休假制度，这些假期大致有三种，即旬假、田假和授衣假。旬假是一种经常性的休假制度，学生在每次旬考后放假 1 天。季节性的休假为田假和授衣假，田假在阴历 5 月农忙时休假，授衣假在阴历 9 月预备换冬装时休假，每次各放假 1 个月，准许学生回家探亲。

 ## 科举制度的产生及其对教育的影响

科举制是中国历史上继汉朝察举制、魏晋九品中正制之后的又一种重要的选士制度，是隋唐时期教育制度变革的一大创举。科举制的产生是中国教育史上的一件大事，标志着中国选士制度走上了一条更为成熟的发展道路。

 ### 1. 科举制度的产生

创立科举制、废除九品中正制是与隋唐时期的政治形势相适应的。隋唐时期，国内实现了初步统一，但文化思想领域各派并存，相互争执，很难统一。在这种情况下，出于加强中央集权统治的需要，隋唐统治者开始试图利用选士环节来控制知识分子的头脑，使之与官府保持高度一致。从统治者的角度来考虑，要加强中央集权，就必须把选用人才的大权集中在中央政府手里，就必须最大限度地笼络知识分子，为他们提供参政的机会，使其人心归顺，思想上服从于统治需要。同时，隋唐全国实现统一后也的确需要强化封建官僚机制，选拔大量的适应封建统治需要的人才来充任各级吏员，这对巩固统治基础而言是当务之急。然而九品中正制这种旧的选士制度已经被地方官员和士族所操纵，难以将庶民中的俊异者及庶族地主阶级代表选拔到统治者的圈子中来。在这种情况下，隋文帝正式废除了"九品中正制"，并于开皇三年（583 年）下诏举贤良。隋炀帝大业二年（606 年）开始设置了进士科，次年又确立了十科举人的制度。这"十科"包括孝悌有闻、德行敦厚、节义可称、操履清洁、强毅正直、执宪不挠、学业优敏、文才秀美、才堪将略、膂力骁壮，其中"文才秀美"一科被人们视为进士科，作为选拔人才制度的常设科目。因此，学者一般认为：进士科的设置标志着科举制的正式创立与诞生。及至唐代，科举制逐渐成为定制，为宋、元、明、清各代所沿袭，在中国历史上推行了1300年之久。

在隋朝时期，科举制度只是初具雏形，还未成为隋代选士制度的主要渠道。到了唐代，科举制逐渐形成了一套较为完备的取士制度，人才选拔列入国家的重要政事。621年，唐高祖明确规定了参加科举考试的日期、对象、预选办法等，次年还发布了选举诏书，要求未得举荐者"亦听自举"、"洁已登朝，无嫌自进"，确立

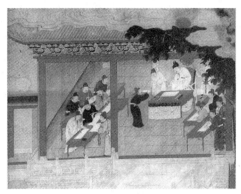
科举制

了士人"自举"、"自进"的制度，规定了"怀牒自应"的自由报考办法。这标志着唐代定时公开设科招考、士人自由报考的制度初步形成。到了唐太宗时期，偃武修文国策的设立更加强化了科举制度。唐太宗进一步规定了进士必须读一部经史，且规定了应试者每年十一月一日开始，次年三月二十一日考试完毕的制度。唐高宗时期，科举取士名额有所增加，"求进者众，选人渐多"。女皇武则天还经常以自己的名义举行制科考试，并在宫殿中亲自策问贡士，开创了科举考试中殿试这一重要形式。而且，武则天还将马射、马枪、长垛等列为考试内容，开创武举选拔军事人才的先河。到了开元、天宝年间，科举制度中大部分考试科目已经形成，考试的固定内容和形式基本确立，科举制度日渐发展成为一种成熟、完备的取士制度。

2. 科举制度的作用和影响

在隋唐时期，科举制是士人改变社会身份的直接出路，因此也成为统治者们网罗人才的有效手段。一旦考试进士及第，通往官场的门就打开了，"登龙门"、"一举"成名成为知识分子梦寐以求的事情。尽管隋唐时期科举取士规模很小，只占官员任用的5%左右，而且进士及第也只是取得了做官的资格，还需要通过吏部的考试才能做官，但它毕竟是一般老百姓、庶人踏入仕途的唯一渠道。尽管隋唐科举制度还不算完善，但它对中国封建社会后期的政治文化以及学校教育却产生了深远的影响。作为中国封建社会后期的重要选士制度，科举制度纠正了察举制和九品中正制机会不均、主观随意性大、易营私舞弊以及选士大权旁落等弊病，开创了面向全体社会士人公开招考、

给每个人提供公平的参政和竞争机会的门径。这一做法既满足了封建君主专制政治的要求，又达到了集权中央、巩固封建统治、扩大统治基础的目的，可谓一举两得。

科举制对隋唐社会及其后世的积极影响集中体现在以下五个方面：

第一，官吏选用大权由中央政府来行使，加强了全国政权的统一和集中，有利于社会意识形态的相对统一，有助于良好社会秩序的形成。

第二，科举考试使得选官有了统一的客观标准，规范了广大士人学习的内容，那些想要做官的人必须全力去适应这些标准，加强了思想的统一。

第三，各地方的庶族地主和平民们都可以通过科举考试升迁，这就刺激了知识分子的读书热情，网罗了一批中下层知识分子，使他们获得了参与政权的机会，这就调和了社会的阶级矛盾，扩大了统治阶级的社会基础，有利于社会的稳定。

第四，从形式上看，科举制度是一种公开、平等的制度，似乎任何人只要读好书，就有资格应考做官，这样不仅掩饰了官僚政治的阶级实质，还可吸引全社会的知识分子，使他们埋头苦读、不问政治，形成驯良的社会性格，从而为社会统治扫除了障碍。

第五，科举制使封建官僚队伍实现了对新生力量的有效补充，为国家的运转增添了生机活力，为封建社会统治注入了一股新的活力。

然而，科举制度并不是完美无缺的，它还存在很多弊端，这些弊端的存在给社会发展带来了一系列不良的影响。

首先，科举制度的实行使学校成为其附庸，学校教育的独立性不复存在，学校完全成为科举制度的预备机关。教学的直接目标是为了通过科举考试，由此科举考什么，学生就学什么，学校里就教什么；科举怎样考，学生就怎样学，学校就怎样教，学校教育完全沦落为应对科举的应试教育。一切教学活动都围绕着科举考试来进行，滋生着偏重科举、轻视学校的不良社会风气。

其次，科举考试的内容仅仅局限于儒家的几部经典和华丽的诗赋，且考试方法机械、呆板，偏重于死记硬背，致使学校的教学内容空疏无用，不重创新，导致学校教学工作重文辞少实学，重记诵不求义理，导致了形式主义、机械教条的不良教育习俗的产生。久而久之，具有真才实学、经世致用的优秀人才便很难通过科举培养和选拔出来。

最后，科举制度毒害了青少年的思想，抑制着知识分子的思想活跃性。

科举考试把读书、应试和做官三件事紧密联系在一起，科举考试成为士人入仕的阶梯，成为他们取得高官厚禄的最好门路。因此，儿童从入学读书的第一天起，就怀揣"读书为了做官"的念头。"吃得苦中苦，方为人上人"，"十载寒窗，一举成名，富贵荣华，锦衣玉食"，"万般皆下品，唯有读书高"，"两耳不闻窗外事，一心只读圣贤书"的人生哲学毒害着学校教育，束缚着知识分子的思想自由，影响着积极学习价值观的形成，导致功利主义读书目的论满天飞。在这种价值观驱使下，社会风气败坏，士人作风腐化，对社会的健康发展十分不利。

唐代书院教育

中国古代，历朝中央政府都有一个收藏、校勘图书的地方，这表明他们对书籍的整理和校勘十分重视，如汉代的东观、兰台、石室、仁寿阁，隋代的嘉则殿，清代的文渊阁等。而在唐代，就把这种校书、藏书的地方称之为"书院"。唐代宫室以院称名者比较多，如著作院、学士院、翰林院、太常院、礼院等。唐代皇室创设"书院"，主要是指用围墙围起来的藏书、校书之所。

唐玄宗时期，丽正修书院和集贤殿书院是当时的藏书、校书之所。开元六年（718年），最早出现了"书院"的名称。由官方创立的丽正修书院、集贤殿书院，是中国古代最早以"书院"命名的文化机构。但是，这两所书院不能等同于以后作为一种文化教育机构的书院，但是从文化功能来看，它也承担着学术研究、文化积累的重任。

自唐玄宗时期建立丽正修书院和集贤殿书院之后，民间的一些读书人便开始自办学院，作为自己个人读书治学、传授生徒的场所。

唐代出现的这些私人创办的书院，它们大多是一些退避、隐居的儒家士大夫个人读书治学的场所。这些学者建造房屋、收藏书籍，并在此读书治学。他们把自己的读书之所称为"书院"。在《全唐诗》

集贤殿书院

的诗题中能找到十多所这种书院，书院命名往往就是创建者本人的姓名，如李泌书院、第四郎书院、赵氏昆季书院、仕中丞书院、费君书院、李宽中秀才书院、南溪书院、田将军书院、子侄书院、沈彬进士书院等。尽管它们大多不作为正式教育机构，但其中的一些特征、文化功能与后世的书院都有重要的联系，如士大夫将其作为独善其身的安身之处，总乐意把它们建置于风景幽美的名胜之地；还有收藏图书典籍、研究学术、交流文化等活动，和后来的正式书院有许多相似之处。

朝廷的藏书校书机构和民间的私人读书讲学之所是唐代书院的两种格局，它们的出现可以说是书院的萌芽。它们在名称以及其他许多具体的文化功能，如藏书、祭祀、读书治学等方面，和宋代书院是相同的。尤其是一些书院已经有明确记载的讲学活动，更是代表着书院教育的出现。另外，唐五代时期的私办书院或私人隐居之所，又和宋代许多著名书院有着直接的历史联系，它们往往演变为宋代书院，如石鼓书院的前身为李宽中秀才书院，白鹿洞书院的前身为唐代李渤在庐山的读书之处，等等。

尽管如此，在崇儒重教的中国古代，这些零星的书院在当时是很不起眼的。所以，即使是那些创办书院的士大夫们，也没有想过书院的存在究竟有多大的意义和价值，更没有想过它的生命力究竟有多么长久。

到唐朝中后期时，书院已如星星之火，撒播在华中、华东、华南、西南的多个省区。据统计，当时的陕西、山西、河北、山东、浙江、福建、江西、湖南、广东、贵州、四川等省共有书院近 50 所。只是这些书院中，大多数只是士人读书治学之处，同时接纳朋友访客，谈诗论道。这种用于广纳朋友、弘扬文化的书院不再是简单的私人书斋，而是具有广泛社会性的崭新文化机构。

唐代是中国古代文化的高峰，书院是构筑这一高峰的众多元素之一。尽管如此，在书院的发展史上，唐代的书院也只能算是萌芽罢了。

五代十国时期的书院教育

公元 907 年，朱温废唐哀帝，建立后梁，中国历史进入了战乱不休、朝代频换的五代十国时期。这一时期是野心家、阴谋家的天下，他们僭越礼制，分裂割据，征战连连。战乱环境对文化传承与教育均产生了重大影响，也挑

匡山书院遗址

战着文人的操守与信念。

在唐末至宋初的近50年间，地方的官学被废止，教育没落，文化开始陷入危机。离乱中的文人士子结庐山中，开馆授徒，拯救斯文于不堕。在一定程度上，正是由于官学不兴，给了私学性质的书院更好的生存空间和生存价值。

唐末五代，为避战火，文化人大量迁徙到远离尘嚣的僻静山野之中。这种行为引发了两种情况出现：一是原已在山野间的佛、道二教，趁此机会广招信徒，升坛讲学；二是不信佛道的士人则自发组织起来，研习经文，建台讲学。不少后来很有名的书院都渊源于此，如岳麓书院即可追溯到五代时期，当时岳麓山寺庵林立，到山中留宿的文人日益增多，山中的和尚即为这些文人另建书院，让他们有屋住、有书读，还可以交流讲学。五代十国时期的书院成为乱世中的一方净土。

据统计，五代十国时期的书院共有13所，分别是北京的窦氏书院，河南的太乙书院和龙门书院，江西的留张书院、匡山书院、梧桐书院、华林书院、兴贤书院、云阳书院、光禄书院和东佳书院，福建的蓝田书院，广东的天衢书院。

其中，匡山书院尤为引人注目。匡山书院也可看作是书院发展史上的一座里程碑——得到皇帝表彰的第一个书院，标志着官方对民间书院的正式承认。

五代书院创办者的独立文化品格及开拓精神，使人们在战乱的黑暗中有了希望，正如钱穆先生所言："它是黑暗中的一线光明，潜德幽光，必大兴于后世。"

不过，五代时期仍是书院的幼年时期，因其书院数太少，全国仅 13 所，影响范围毕竟有限。在两宋时期，书院真正走向了成熟。

知识链接

程门立雪

"程门立雪"这个典故，说的是宋代学者杨时和游酢中年时向程颐拜师求教的事。程颢和程颐兄弟二人，当时合称"二程"，是洛阳伊川人，同是宋代著名儒学家，开创了"二程学说"，后来为朱熹继承和发展，世称"程朱学派"。杨时、游酢二人原先拜程颢为师，程颢去世后，他们都已经 40 岁了，而且考上了进士，然而他们还是要去找程颐继续求学。故事就发生在他们初次来到嵩阳书院登门拜见程颐的那天。

这一天，正值隆冬，大雪纷飞，杨时和游酢二人来到嵩阳书院拜见程颐，这位老先生正闭目养神。程颐明知有两个客人来了，他却不言不动，不予理睬。杨、游二人怕打扰先生休息，只好恭恭敬敬地肃立门外，一声不吭等候他醒来。就这样等了好半天，程颐才好像如梦初醒，见了杨、游二人，装作一惊说道："啊！啊！贤辈早在此乎!"意思是说你们两个已经来了很久了啊。这时门外积雪，有一尺多深。

这个故事就叫"程门立雪"，在宋代读书人中流传很广，后来形容尊敬老师，诚恳求教。

第四章

日益完善的宋元教育

　　宋元时期是中国古代教育日益完善的一个特殊时期。几次兴学活动使宋朝全国具有了自上而下的各级学校，府学、州学、县学、社学日益完备，蒙学开始走上了理性化、科学化的发展阶段，书院教学活动走向了制度化的道路，一批有重要影响的书院诞生。从此，中国古代教育发展进入了一个新的阶段。

第一节
宋代时期的教育

宋朝是中国历史上经济与文化教育最繁荣的时代之一，儒学复兴，理学兴起，社会上尊师重教之风盛行，社会政治也较开明廉洁，没有出现过严重的宦官乱政和地方割据现象。宋代政府大兴水利，大面积开荒，又注重农具改进，故农业发达，丝、麻、毛纺织业和手工业也非常发达。

 ## 宋朝的"重文"教育政策

经过了 200 年的分裂割据之后，北宋王朝成为一个新的建立起来的中央集权国家。鉴于唐末、五代时期各地节度使拥兵自重、割据称雄迫使王朝灭亡的教训，从宋太祖赵匡胤开始，宋朝就确立了"兴文教、抑武事"的文教方针。同时，长期的动乱与割据使儒家正统的纲常伦理沦丧，文化教育设施遭到严重破坏，成为恢复封建统治秩序的直接障碍。为此，北宋王朝在建立初期采取了一系列新的政治、经济、军事、文化等措施，不断降低武职官员在朝廷中的地位，把尊孔崇儒作为治国的指导思想，努力恢复伦理纲常，促进文化教育事业的繁荣。这些政策与措施主要包括五个方面：

1. 抬高文人的政治地位，实行重文偃武的文化政策

北宋建立初期，宋王朝采取了削弱武将兵权、任用儒臣执政等策略来加强中央集权，防止兵变给社会带来混乱。一方面，从中央到地方，宋王朝实行以文治军，重用文人儒臣的政策；另一方面，重振科举制度，增加录取名额，以鼓励读书士子奋发进取，确保社会秩序稳定。科举取士制度是稳定人

心、扩大社会统治基础的良策，是维系宋朝社会稳定的精神柱石。为此，宋朝统治者通过科举大量取士。

2. 尊孔崇儒，复兴经学教育

为了推行重文偃武政策，宋代统治者大力推行尊孔崇儒政策，采取各种措施提高儒学的地位。措施主要有两个：

首先，恢复、重修各地被战乱毁坏的文宣王庙（夫子庙），尤其是东京、长安、曲阜三地的文宣王庙。北宋初期，各地孔庙在唐末、五代的战乱中大多被破坏，沦为废墟，破败不堪。为此，宋太祖一上台就诏令各地修葺文宣王庙祠宇，并亲自撰赞文，表彰孔子、颜回的伟大功迹。962年，宋太祖命国子监增葺祠宇，塑绘先圣、先师像，设置《开成石经》，完善藏书的库府、堂宇，并命人镌刻石经《重修文宣王庙记》。

其次，祭孔、封孔，封赐孔子后裔，提高儒士的社会地位。宋太宗即位后，在983年明确规定，选用的人才"须通经义，遵周孔之教"，以此来竭力提高儒士的社会地位。同时，宋太宗还于976年打破科举惯例，诏赐孔子后裔孔士基，以此作为褒奖先圣后裔的象征。次年十月，宋太宗又正式赐封孔子后裔孔宜袭文宣公爵位，官拜右赞善大夫，并恢复周显德年间形成的历朝优待孔氏的惯例，免除孔宜家族租税，提高孔家的社会地位。宋真宗于1008年，加谥孔子为"玄圣文宣王"，1012年改封为"至圣文宣王"，并撰写《崇儒术论》，并命人校定儒经，颁行天下，作为官方的指定教材。同时，宋真宗还自称在东京讲《尚书》7遍，《论语》、《孝经》各4遍，并要求宗室诸王都要学习儒经。在宋咸平三年至四年（1000—1001年），宋真宗又诏令国子监祭酒邢昺等儒士校定《周礼》、《仪礼》、《公羊传》、《谷梁传》等儒经，并加上了《礼记》、《孝经》、《论语》、《尔雅》和《孟子正义》等合称《十三经正义》，颁行天下，作为法定教材。宋真宗还亲

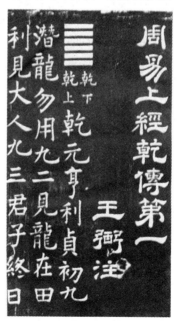

《开成石经》拓片

自赴曲阜。祭孔、封孔，将宋初崇儒尊孔的活动推向了高潮，开启了崇儒的新风，对于儒学地位的重振产生了重要影响。

 3. 重视佛教道教

在崇儒的同时，宋朝还以保护和宽容的态度对待佛教与道教。宋真宗在撰写《崇儒术论》的同时，又做了《崇释论》，有意把佛教作为辅助儒学的统治工具。同时，宋朝统治者在加封孔子的同时也对道教大加提倡，宋真宗时曾封老子为"太上老君混元上德皇帝"，命人续修道藏、搜编道书4300卷，弘扬道教。宋代重文政策的实施，进一步促进了儒学、佛学、道教之间的融合与交汇，为宋明理学的产生和发展奠定了基础。

 4. 崇尚理学

在宋朝推行儒、释、道三教融合的文教政策背景下，经过改造和发展，儒学上出现了一批儒学大师。宋仁宗时期，一批名儒大师以孔孟儒家学说为主，在吸收佛、道诸家之长的基础上建立了新儒学——理学。其中的代表人物是周敦颐，他提出了吸收佛、道入儒的理论，并将佛、道之禁欲主义与儒学的服从封建纲常的观念结合起来，倡导人们安贫乐道、清心寡欲。之后，经过张载、程颢、程颐等人的发展，理学初步形成。到了

理学大师朱熹

南宋时期，朱熹从理论上使之系统化，最终成为理学的集大成者。公元1212年，官方开始将朱熹的《论语集注》和《孟子集注》正式确定为官学学生必读之书。至此，朱熹理学成为宋朝官方统治政策的基石。

 5. 大力兴办图书文化事业，鼓励地方州县创办学校

作为学校教育的基础，图书文化事业也是宋朝文教政策落实的基础工程。宋朝从一开始就崇尚文治，大力发展图书文化事业。966年，宋太祖下诏求书，要求地方积极贡献图书。凡献书的人，可参加学士院考试，能够胜任官

吏的就委以官职，或赐予科名。建隆年间，宋朝设立了"三馆"，即昭文馆、史馆、集贤院，收藏图书1.2万余卷。978年又建立书馆，赐名崇文院，藏书总数达到了8万余卷。993年，宋朝又建藏书阁，专门收藏"三馆"中的正本及古画墨迹。宋朝藏书数量在几十年中突飞猛进，以国子监为例，宋初藏书仅4000多卷，而到了宋真宗年间，其书库藏书已经达到了10万余卷，可见宋朝图书文化事业的繁荣与发达。

与此同时，由于雕版印刷术的广泛应用，宋朝时期的书籍量激增，为此，皇帝时有赐书举动。宋朝初期皇帝还常把经籍图书赐予地方书院或学宫，鼓励生徒完成学业，例如太平兴国二年（977年），皇帝下诏国子监赐白鹿洞书院以《九经》，咸平四年（1001年）把国子监印制的《九经》赐予岳麓书院，景祐元年（1034年）下诏把国子监刊印的《九经》赐予永兴军府学，等等，以此来鼓励学院生徒完成学业。同时，宋朝统治者还采取了赐学田的方式来鼓励地方学校的发展，变相地为地方学校赞助经费，间接控制地方学校的发展。宋仁宗于公元1020年赐兖州学田5顷，首开朝廷直接向地方官学赐拨学田资助地方学校发展的先例。此后，朝廷先后向京兆府学、永兴军学、陈州等数十个州学和书院赐拨了学田，学田逐步成为宋代以后地方官学办学经费的主要来源。

改革科举制度，提高科举考试的公正性

宋朝的文教政策十分注重完善科举制，其主要用意是牢牢地控制住知识分子的思想，实现社会主流意识形态的高度统一，最大化地减少社会动乱的诱导因素。在宋朝，科举制度日益定型，但在发展中由于作弊现象的出现以及科举考试制度自身的缺陷，宋朝统治者开始着手于科举制的完善，以充分发挥其社会控制功能。这些举措主要有以下两个方面：

1. 改革科举制度，扩大科举录取名额

为了保证科举制的公平性，鼓励世人读书进取，宋初统治者采取了一系列举措抑制士家子弟，以广开出身寒门优秀者的仕进路途。宋太祖登基后就开始调整科举考试制度，主要包括以下内容：废除公荐，扩大科举取士的范围；禁止考生说出自己的师门或恩门，统一自称门生；确定了殿试制度，采取了别试、糊名、弥封、誊录、锁院、唱名及进士同保连坐等制度，全力消

除作弊现象。有了这些程序后，评分人员就会比较客观地来评判试卷。这些改革措施有力地限制了士家子弟徇私舞弊、倚仗权势把持科场现象的发生，使得科举考试在竞争形式上充分体现了平等原则，一大批寒门的俊异之士取得了平等步入仕途的机会。

宋朝对科举制的考试内容和录取方式也进行了重大改革。在宋初，科举考试的内容除了诗赋之外，经义占有重要的比重。王安石变法时，废除了科举考试中的帖经、墨义、诗赋等传统科目，改试经义、策论，强调考查考生对儒家经典的理解和文笔水平，科举考试的内容日趋实际。在宋朝科举考试各科目中，首先是进士科，其次是九经科。963 年，宋太祖废除九经"一举不第而止"的旧制度，允许不第者可以再考，以此拓宽了经学之士的仕进途径。在此情况下，许多优秀学士通过九经科步入仕途，成为著名的经学大师，如宋朝著名的国子监祭酒邢昺、孙奭、孔维等人就是通过九经科及第的。

在改革科举程式内容、鼓励平等竞争的同时，宋朝统治者还加大了科举取士的名额。960 年，宋太祖科举取士录取人数只有 19 人，到了 973 年录取总人数总共也只有 36 人。而到了宋太宗年间，科举录取比例大幅度增长。以977 年为例，殿试录取进士 109 人，其他科录取 207 人，其他途径录取了 184人，合计 500 多人，大大超过了历史上的任何一次科举考试。与之相应，随着录取比例的增加，报名参加科举考试的知识分子也逐年增加，宋太祖时每年约有 2000 人参加，宋太宗时每年增加到了 5300 人，而到了宋真宗时期，则增加到了 20000 余人。科举制的改革大大刺激了封建知识分子的求学热情，科举制度日益成为宋朝庶族人步入仕途的重要门途。

知识链接

闻鸡起舞

晋代的祖逖是个胸怀坦荡、有很大抱负的人。可他小时候却很淘气不爱读书。进入青年时代，他意识到自己知识的贫乏，深感不读书就无法报效国家，于是开始发奋学习。他广泛阅读书籍，认真学习历史，从中汲取了丰富的知识，学问大有长进。他曾几次进出京都洛阳，接触过他的人都说，祖逖是个能辅佐帝王治理国家的人才。祖逖24岁的时候，曾有人推荐他去做官司（官务），他没有答应，仍然不懈地努力读书。后来，祖逖和幼时的好友刘琨一起担任司州主簿。他与刘琨感情深厚，不仅常常同床而卧，同被而眠，而且还有着共同的远大理想：建功立业，复兴晋国，成为国家的栋梁之才。一次，半夜里祖逖在睡梦中听到公鸡的鸣叫声，他一脚把刘琨踢醒，对他说："别人都认为半夜听见鸡叫不吉利，我偏不这样想，咱们干脆以后听见鸡叫就起床练剑如何？"刘琨欣然同意。于是他们在每天鸡叫后就起床练剑，剑光飞舞，剑声铿锵。春去冬来，寒来暑往，从不间断。功夫不负有心人，经过长期的刻苦学习和训练，他们终于成为能文能武的全才，既能写得一手好文章，又能带兵打胜仗。祖逖被封为镇西将军，实现了他报效国家的愿望；刘琨做了都督，兼管并、冀、幽三州的军事，也充分发挥了他的文才武略。

2. 提高科举考试的地位

在隋唐时期，科举取士名额少，且及第者还要通过吏部考核才能最终被授官，因此并没有多少寒门子弟通过科举考试进入仕途。到了宋朝，科举及第的进士不仅享有无限荣耀，而且还可以立即被授官，考试等级越高，官职越高。据统计：宋仁宗年间一共举行过13次科举考试，其中被取中一甲的共有39人，后来官职没有达到公卿的仅有5人。在这种情况下，参加科举考试就成为封建知识分子步入仕途的主要途径，这就使得全社会各阶层人士热衷于科举考试，大大提高了科举的社会地位。

大力兴学，改革太学，发展各类学校

北宋时期，为了落实重文的文教政策，从宋初开始统治者就采取了一系列的兴学活动，大力发展地方学校。其中，最有代表性的是北宋中叶的三次"兴学"活动。这三次兴学活动分别是：庆历兴学、熙宁兴学和崇宁兴学。

1. 庆历兴学

庆历三年（1043 年），范仲淹任参知政事，主持朝政，在此期间他积极筹划兴学活动。当年 9 月，范仲淹向朝廷上奏了《答手诏条陈十事》，提出了庆历新政的纲领，其中前 4 项主要涉及文教事业改革。在范仲淹的推动下，宋祁、欧阳修等人也上奏要求兴学育才，发展各级学校。本次兴学活动的内容主要有以下三点：

（1）要求州县设立学校，立属官或平民中有才学的人担任教师。同时规定，凡想参加科举考试的学子必须在地方官学中至少学习 300 天方可应考。这样做有利于地方学校的发展，防止科举考试制度流于形式。

（2）复兴太学，建立四门学，聘请著名学者，推广胡瑗的"苏湖教法"。

范仲淹像

根据范仲淹等人的建议，太学应选用那些拥护新政的著名学者，如石介、孙复等人主持太学的教学活动。石介、孙复、胡瑗等人都是宋初的著名学者，是北宋时期著名的教育家，由他们主持太学教学活动有助于提高太学的声誉。所谓"苏湖教法"，是指学者胡瑗早年在苏州、湖州两地的州学中采取的一种教学方法，反对重视诗赋声律的学风，提倡经世致用、"明体达用"的实学是它的特点。其具体做法是：在教学中设立经义斋和治事斋，实现分斋教学的制度。其中，经义斋主要学习六经经义，倡导"明体"之学；治事斋又被细分为治民、讲武、堰水、历算等科目，倡导"达用"之学，学生可以主修一科，兼学其他各科。这种教学方法对于摆脱空虚无用的学风大有裨益，是宋朝在教学制度上的重大创新。同时，为了扩大庶民子弟的入学机会，太学还增设了四门学，允许八品至庶人子弟入学，以此为小地主阶级和庶民子弟入学提供方便。

（3）改革科举考试方法，先策论，后诗赋，注重选用实用型政治人才。庆历新政的实施只有一年多的时间，最终在旧官僚权贵集团的强烈反对下告以失败，庆历兴学也随之宣告失败。

 2. 熙宁兴学

宋神宗继位后，开始大力提倡政治改革，关于变科举、选人才、兴学校的主张再次被社会关注。在此形势下，著名文学家、政治家王安石在熙宁年间主持了兴学活动，对宋朝学校教育的发展产生了重要影响。早在1058年，王安石就向宋仁宗上奏了《上仁宗皇帝言事书》，要求改革文化教育、科举吏治方面的弊病，并提出了"教、养、取、任"的人才培养与选拔纲领。其中，所谓"教"，就是建立各级各类学校系统；"养"是指给各级人才以合理待遇，并用道德规范、法律制度来约束他们；"取"就是选拔人才，严格考核，委任以官职；"任"就是任用人才，使其发挥专长。宋神宗熙宁二年（1069年），王安石担任了参知政事一职，主持变法大计，开展了兴学活动，熙宁兴学的主要内容有：

（1）改革太学体制，实施"三舍法"。在太学实施三舍法是王安石教育改革的一大创举，它的具体做法是，将太学生员分为外舍、内舍、上舍三个等级，对生员进行严格考核，并根据其学业程度依次升舍。初入学为外舍生，是最低等级的生员，定额为700人。外舍生员可以依次升入内舍，内舍生定员为200人。内舍生员可以依次升入上舍，太学上舍生定员为100人。升舍考试是太学制度的核心环节，主要考核生员的品行和学业。考核分为三种，包括平时的考查记录、每月由任课教师举行的"私试"和每年由学校举行的"公试"。如果每年考试和平时的考核合格，外舍生可升入内舍；如果通过每两年由官府与学校共同主持的上舍试，且平时考核合格的内舍生可升入上舍。上舍生可兼任学正、学录等官职，其中学行卓异者，还可由太学主判、直讲推荐给中书，直接授官。其他学生根据学业成绩，可得到免发解、免省试等优厚待遇。

（2）颁布《三经新义》作为官方的统一教材。熙宁六年（1073 年），宋朝设立了经义局，王安石亲自修撰《诗》、《书》、《周礼》等三经的经义，并由朝廷正式颁行，把它作为官方考试、讲经教学的法定依据。

王安石像

（3）开办专门学校，培养具有一技之长的专门人才。熙宁五年（1072 年），宋朝政府恢复了武学，熙宁六年设置了律学，以后还设置了医学，并招募生员，为社会培养专门人才。

（4）扩建、整顿、兴办地方官学。当时宋朝专门设立了由中央政府直接任命的诸路学官，专门负责管理地方学校教育。同时，朝廷还给地方官学补充了学田，从而给州县学校提供了物质保障。

3. 崇宁兴学

宋徽宗登基后，继承了先皇宋神宗的一些施政方针。崇宁元年（1102 年），尚书右仆射兼门下侍郎蔡京奏请兴学贡士，朝廷随后发布了一系列诏令，其中就包括兴学活动，史称"崇宁兴学"。这一兴学活动大致包括四方面的内容：

（1）扩建太学，扩招名额。崇宁元年，位于京城南郊的太学被赐名"辟雍"，建设房屋 1872 楹，作为教学之用，太学专门负责上舍生、内舍生的教学活动。同时，允许诸路的贡士入太学学习，经考试合格后还可以补入太学的上舍和内舍。在此情况下，太学的规模日益扩大，上舍名额增加到了 200 人，内舍名额增加到了 600 人，外舍名额增加到了 3000 人。

（2）要求各州县普遍设学。按照规定，在县学内设置小学，在各地方官学中也要实行三舍法。就其相互关系来看，县学生可升入州学，州学生可升入太学，由此形成了遍布全国州县的学校教育网络。

（3）以学校教育取代科举取士。随着各级、各类学校的广泛设立和三舍升级制度的普遍推行，崇宁三年（1104 年）宋徽宗下诏罢科举，要求所有士人都通过学校升贡的方式产生，并于次年授予上舍生以官职。但这项措施并没有实施到底，此后，科举制与三舍法选士制度并行。

（4）兴办各类专门学校，选拔实用人才。崇宁三年，宋朝设立了书学、画学、算学等专业学校，也采用太学三舍法取士，专门学校日益成为宋朝实用人才的重要培养机构。

宋代的官学教育制度

宋代的学校教育制度在经过了这三次兴学活动之后，开始逐渐完善，形成了相对完整的学校教育网络。总体来看，宋代的学校教育制度系统由中央官学和州县地方学校构成。其中，中央官学的主管教育行政部门是国子监，其所辖的中央官学有：国子学、太学、四门学、广文馆、武学、律学、小学等；宋朝的专门学校隶属于中央各局管辖，这些学校有医学、算学、书学、画学等。另外，宋朝中央官学还包括直属于中央政府管理的资善堂、宗学、诸王宫学、内小学等。宋朝地方官学主要包括州学、府学、军学、监学、县学，诸路提举学事司是这些学校的行政管理机构。

1. 中央官学

宋朝的中央官学主要有以下教育机构：

（1）国子监。在宋朝，国子监兼具国家级学校管理机构和国家的最高学府这两种职能。国子监专门招收京城七品官员以上的子弟，学生被称为国子生或监生，开始时，生员没有定额，后来确定了 200 人的上限。国子生属于社会特权阶层，不用参加学校的考试。在国子监中设有判监事 2 人；总管监事、直讲 8 人，主要讲授经术；设有丞簿和专管刻书之责的书库官和监门官各 1 人。

（2）太学。太学是宋朝教育改革的重点，它招收八品以下官员的子弟和庶民中的俊异者。在宋朝中期，太学逐渐取代国子监而成为国家最高学府。太学中实施王安石创立的"三舍法"，一般为上舍生 200 人、内舍生 600 人、外舍生 3000 人。太学生按斋编例，每斋约 30 人。太学的教材主要是儒家经典，但较为注重经义。从太学的人员编制来看，一般设博士 10 人，专门负责太学生行、艺方面的教育教学。太学考试方法多样，主要有 1 月进行 1 次的私试和 1 年举行 1 次的公试两种，考试的内容主要是经义和策论。

（3）专门学校。宋代中央下设的专门学校主要有 6 种，由国子监和各职能部门负责统辖。律学在熙宁六年（1073 年）设立，隶属于国子监，入学资格为命官和举人，细分为断案及律令 2 科，律学设博士 2 人，掌传授法律及校试之事，并设学正 1 人；算学建立于徽宗崇宁三年（1104 年），隶属于太史局，入学资格为命官和庶人，主要学习《九章》、《周髀》、《海岛》、《孙子》等算学经典；书学设立于徽宗年间，隶属于翰林书艺局，学习篆书、隶书、草书 3 种字体以及《说文》、《尔雅》、《论语》、《孟子》等经典；画学也设立于徽宗时期，隶属于翰林图画局，学生除修习绘画外还要修习《说文》、《尔雅》、《方言》、《释名》等经典；医学设立于宋初，隶属于太医局，主要分为方脉科、针科、疡科 3 科，设立博士、学正、学录各 4 人，实行分科教导；武学设立于宋仁宗时期，学生主要修习诸家兵法、弓矢骑射等武术，一般设博士 2 人，掌以兵书、弓马、武艺训诱学者，又设武学学谕 2 人，协助武学博士。

（4）贵胄学校。该类学校由中央政府设立，主要有资善堂、宗学、诸王宫学、内小学等，专门为宗室子孙所设置，学生入学年龄一般为 8 ~ 14 岁。

2. 地方官学

宋代地方官学主要由州（府、军、监）学和县学两级组成。州学、府学设立于仁宗庆历四年（1044 年），规定凡学生在 200 人以上可设置县学。崇宁兴学期间，宋朝"增县学弟子员，大县五十人，中县四十人，小县三十人"，一般州学配置专职授业教授 2 人，县学则配置 1 人。经义和诗赋是地方官学的主要教学内容。在宋朝，地方官学在许多方面都较前朝有所改进：

（1）在学校行政管理上。专门设置了主管地方教育的行政长官——各路提举学事司，主要负责考查教师优劣与学生的出勤学习情况。

（2）在教学管理上。宋朝通令全国所有学校均采用"三舍法"和分斋教学制度，实行优胜劣汰、分科教学的管理制度。

（3）建立县学、州学与太学之间互通的教育系统。宋哲宗元符二年规定，县学生选考可升入州学，州学生可通过贡选的途径进入太学学习。

（4）地方官学有了稳定的经费保障。宋朝官府拨给各官学以学田，保障其日常经费。

（5）建立起了比较健全的教师管理制度。地方官学一般采取地方荐举和朝廷任命两种形式严格选用教师。在教师的选用上创立了"教官试"，建立起授予教师资格的严格制度，提高了教师任职水准。还实行严格的教师考核制度，规定"教授以三年为一任"，任期满后要考核，个别成绩优异、教导有方的学官，允许再任职一个周期，但不能超过两任。

北宋的书院教育

在两宋时期，书院教育展示出了蓬勃的生命力，中国古代文化的发展达到了一个高峰。唐五代时期萌芽的书院此时竟如雨后春笋般地发展起来，几乎达到能够补充或代替官学的地步，其蓬勃发展的气势足以使官学在相比之下黯然失色。

书院能在宋代得到蓬勃发展，和当时的社会环境、文化环境的客观需要分不开。在北宋时期，由于社会环境对文化教育的需要，各地竞相建置书院，使书院初兴。到了南宋，中国文化的蓬勃发展促进了书院的振兴，特别是书院和理学思潮结合起来，书院制度及其特色得以完全确立。并且书院制度的确立对中国文化史、学术史、教育史均产生重大影响。

北宋书院的最显著标志就是出现了一批私人创办的著名书院，由于书院教育受到官方的支持和资助，因而起到了代替和补充官学的重要作用。

经过了唐末五代时期的战乱和动荡，赵宋建立了统一的国家以后，人民生活安定，社会生产发展。这时，士子们开始产生了读书显身的要求。但是，由于宋初统治者只重视科举取士，而不重视兴办学校，加之当时政治、经济各方面条件的限制，宋初的地方官学没有任何发展。因此，唐五代时期刚刚萌芽的书院，在宋初即开始受到人们的重视，得到了充分的发展。书院兴起，成了社会的一种迫切需要。许多学者、教育家和重视文教的地方官开始创办书院讲学，要求读书进学的士子纷纷步入书院接受教育。官学不兴的局面，使书院意外地得到了发展。

私人创办书院讲学的活动兴起以后，很快受到官方的表彰。宋初皇帝通过赐额、赐书、赐学田等方式，倡导、支持书院办学，进一步促进了书

白鹿洞书院

院的蓬勃发展。

在北宋时期，书院遍布全国各地，数量达 200 所之多。其中一些在当时就比较著名，故而形成了历史上所谓的"四大书院"——白鹿洞书院、岳麓书院、嵩阳书院、睢阳书院。

在宋初官学不兴的情况下，书院弥补了官学在发展教育、培养人才方面的不足。但是，北宋多数书院在制度、规程、机构方面仍较为简单，尤在教学宗旨、教学内容、教学方法方面尚没有形成自己的特色，所以它还不能作为一种独立的教育机构与官学并行发展或相抗衡。到了庆历（1041—1048年）、崇宁（1102—1106 年）时，统治者注意发展官学，书院办学开始受冷落，有的书院直接被改造成地方官学，如应天府书院、石鼓书院。

到了南宋时期，书院的发展才进入一个新的阶段。其最重要的标志就是书院与理学的结合，这大大促进了书院自身的完善，奠定了书院作为一种独特教育机构的基础和地位。

在北宋时期，还出现了很多著名的理学家，如周敦颐、程颢、程颐、张载、邵雍等人，他们中已有人利用书院致力于学术研究和文化传播，但并不普遍，其影响也不显著。南宋理学家十分重视交流切磋和注意广泛传播学术思想，并广泛采纳了书院这种教育机构。从宋高宗南渡以后，理学家们纷纷创办书院讲学，使理学和书院同时勃兴，从而推动了书院的发展。

在这段时期内，书院作为一种制度化的私学终于趋于成熟。自由讲学、学术研究、问难论辩等书院教学特色得以充分的体现出来。制订学规、确定课程、建立管理机构等书院制度也完全形成。尤其重要的是，理学家们明确提出书院的独特教育宗旨，自觉地把书院教育与官学区别开来，反对书院成为科举的附庸，告诫诸生不得以钓声名、取利禄为读书目的，要求学生讲道德、明义理、研究学术，使书院成为培养经世致用人才的场所。

庆元年间（1195—1200 年），理学家因卷入统治集团内部的权力斗争而受到打击，理学在一夜之间成为"伪学"，而受到禁抑，这就是历史上著名的"庆元党禁"，书院发展也因此受到阻碍。南宋嘉定（1208—1224 年）以后，党禁重开，理学在维护封建统治秩序方面的积极作用很快受到统治者的重视，理学家不断得到统治者的褒扬。

南宋的书院教育

1127 年，宋室南渡，历史进入南宋时期。在这一时期，书院的发展进入了成熟期和高峰期。在这一时期，奠定了书院探究学术的品格；确立了书院教育规程，以及书院的研究、讲学、藏书、刻书、祭祀、学田六大基本规制；形成了书院的招生、教师招聘、教学、考课等一整套行之有效的方法。可以说，正是南宋时期，成就了中国古代书院的光荣与梦想。

宋理宗时期，理学开始得到官方推崇。这时，与理学合为一体的书院也得到发展，不仅原有书院继续扩展办学，各地又纷纷创建一批批新书院。据统计，理宗时期新建置的书院达 100 多所，占南宋时期全部书院的 2/3 以上。宋理宗本人还通过颁书赐额、委任山长以及学官的方式褒奖、支持书院。而在北宋时期，只有少数几所书院能得到朝廷赐书赐额，而理宗时期却达 20 所之多，这反映了朝廷对书院教育的重视，也体现出南宋时期书院办学的迅速发展。

总之，唐代后期出现书院萌芽，到了北宋初年，兴办书院成为一股潮流，出现了许多闻名全国的书院。到了南宋，书院更成为一种重要的文化教育机构，历经元、明、清各个朝代而不辍。

但是，南宋书院的发展高峰是在一种很特殊的环境下形成的。在中国所有大一统的朝代中，宋朝疆域较少，而且四境不安。尤其是到南宋，仅仅偏安江南一隅，北有金兵压境，西南有大理尚未归顺，内部有钟相、杨么起义，社会动荡不安。偏安一隅的政府，满足于江南的富庶，沉溺于秦淮的风月，"直把杭州作汴州"。这时的统治者无意于收复失地，只求稳定目前的统治局面。他们继承了北宋重视文人，尊崇儒学的基本政策，并且希望找到一种思想或者理论来匡安人心，这一政策为书院的发展繁荣创造了有利的政治条件。

南宋时期，书院的大发展也得益于印刷术的发达。印刷术的革新进步，使得书籍可以大量印刷，而且成本降低，乡村子弟有了读书的机会，乡村书院因之涌现。相对于州

岳麓书院

县学复杂的批复程序来说，乡村书院的创立则要简单得多，只要有乡贤愿意提供田舍，有心张扬本土学风，就可以创建书院。如此一来，民间力量办学成为可能，当然也就给了书院繁盛的机会。

催生南宋书院发达的关键原因是官学腐败与科举弊端。自汉唐以来，官学一直是儒家理论的传播机构，是主要的养士之所。但是，官学养士却养出了大量醉心举业、不明儒道的追名逐利之辈。士风败坏不堪，社会需革新官学教育，以收拾人心、重塑士人的价值观。因此，发端于北宋的理学在这一时期得到了大力提倡。

南宋初年，统治者放松了对理学的控制，特别是在理宗时，实施更为宽松的文化政策，允许学者自由讲学传道，建立理学宗庙，对有作为的书院大肆褒奖。理学的正统地位得以确立，而理学传播的重要阵地——书院，同时空前兴盛。书院实际上担负起了"为天地立心，为生民立命，为往圣继绝学，为万世开太平"的大任。

由于理学大师朱熹、吕祖谦、张栻、陆九渊等人的影响，南宋诞生了一批声名远播的著名书院，如白鹿洞、岳麓、象山、丽泽、考亭、明道、濂溪、丹阳、紫阳、武夷等。经过一波三折，中国书院在南宋后期发展到了最高峰，走向了成熟。

在南宋书院的发展中有三个主要特点：

1. 书院各项工作规范化

首先，书院的建筑格局基本相同。一般都由讲堂、斋台、先贤祠堂、藏书楼、仓廪厨房等功能不同的几部分构成。文天祥所描述的安湖书院结构就有一定的代表性："书院之制，前为燕居，直以杏坛，旁为堂，左先贤祠，祠后为直舍，缭斋以庑，不侈不隘。"

其次，书院活动规范化。南宋书院活动一般包括研究学术、讲学传道、收藏图书、刻印图书、祭祀圣贤及经营学田6大相互联系的事业。

再次，书院职事分工明确，组织管理队伍比较完备。较大的书院一般设山长（洞主）作为最高领导，下设堂长、卅书、司录、斋长等职分管相关事务；有些书院的管理机构分工更细，如明道书院设了山长、堂长、提举官、堂录、讲书、堂宾、直学、讲宾、钱粮官、司计、掌书、掌仪、掌祠、斋长、医谕15种职位，可以说是事无巨细，均有专人管理。

最后，制定了书院的规章制度。制定学规章程以规范书院的教学管理、约束书院师生的行为举止，是书院的规章制度建设中最为典型的方面，如吕祖谦的《丽泽书院学规》，对学习者的品德修养、学习方法、学习纪律等都有具体规定；朱熹的《白鹿洞书院揭示》，以简明扼要之语，精择先圣成训，规定了学习内容（五伦）、学习层次（学问思辨行）以及修身、处事、接物的要义。朱熹定此学规，意在匡正当时教育之中存在的"钓声名，取利禄"的弊病。《白鹿洞书院揭示》充分体现了书院之精神，后来由理宗颁行天下，成为许多学校共同遵守的学规。《明道书院规程》在仿行《白鹿洞书院揭示》的基础上，还对入学资格、教学内容及时间安排、学业与德业考评奖惩、请假与考勤等都作了硬性的规定，以保证书院的品质和正常运行。

 2. 书院祭祀对象个性化

儒家先贤是北宋时期书院祭祀的主要对象，如岳麓书院"祀先师、十哲、七十二贤"，江西秀溪书院"中设夫子位置，翼以颜曾思孟"。事实上，当时书院所祭祀的关键人物就是官方认可的至圣先师孔子。到南宋时，书院祭祀的对象日益多样化、个性化，在祭祀至圣先师孔子的同时，还祭祀能够象征本书院学术渊源与特色的人物，如明道书院专祀程颢，朱熹门人经营的书院则当然祭祀朱熹，陆象山传人在书院中则主要祭祀陆象山。此外，也可祭祀那些本方乡土的有德之人、在此地做官于本土有功之人、在此地学有大成之人或教化一方卓有成就之人。总之，凡是那些与本土有一定关系（包括学术渊源）且德行道义足以垂范后人者都可能入祀祠堂。

 3. 书院教学方式多样化

到了南宋时期，教学已经成为书院的一项重要工作。与官学师授生受的教学方式相比，书院的教学具有两个突出特点：

（1）强调学生的自主学习及相互启发。如《丽泽书院学规》之《乾道五年规约》就要求学生学习时"凡有所疑，专置册记录。同志异时相会，各出所习及所疑，互相商榷，仍手书名于册后"；朱熹也鼓励学生"自去理会，自去体察，自去涵养"，教师"只是做得引路底人，做得个证明底人，有疑难处，同商量而已"。用今天的话说，就是让学生真正成为学习的主体，开展自

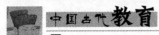
主学习、合作学习、探究学习。

（2）开展不同层次的讲学活动。书院的讲学既有大师会讲以探究学理，也有山长、堂主主持的意在传播学术的讲学，这一层次的讲学所占比例较大，甚至还有开放式的对广大民众进行教化的讲学。此外，书院还常常从其他地方聘请名人讲学。朱熹本人就经常到各地书院讲学，朱熹也邀请他人到白鹿洞讲学，如曾经请与他学术观点有分歧的陆九渊到白鹿洞，以"君子喻于义，小人喻于利"为题讲学，听者"莫不竦然动心"，甚至涕泣，朱熹本人也对陆九渊这位学术论敌的讲学十分欣赏。

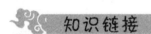

知识链接

悬梁刺股

　　东汉时，有个人名叫孙敬，是位著名的政治家。孙敬年轻时勤奋好学，经常关起门来，独自一人在屋内苦读，每天从早到晚，常常废寝忘食。有时候时间太长，难免疲倦得直打瞌睡。他怕影响自己的读书学习，就想出了一个特别的办法：那时候，男子的头发都很长。他就找来一根绳子，一头系住头发，另一头牢牢地绑在房梁上。每当他疲劳打盹时，头一低，绳子就会拉住头发，这样会把头皮扯痛，马上人就可以清醒了，再接着读书学习。这就是孙敬"悬梁"的故事。

　　战国时期，有一个人名叫苏秦，也是位著名的政治家。苏秦在年轻时，曾到好几个诸侯国去推行他的治国之策，都没有得到重视。他灰溜溜地回家后，家人也对他十分冷淡，根本瞧不起他。这对他的刺激很大。于是，他下定决心，发奋读书。他常常读书到深夜，十分疲倦，经常会打盹。他就想出了一个办法：准备一把锥子，一打瞌睡，就用锥子往自己的大腿上刺一下。这样便使自己清醒起来，再坚持读书。这就是苏秦"刺股"的故事。

第二节
元代时期的教育

元朝在政治经济上有很多创新，例如它对中国的行政制度进行变革，确立了行省制度。元朝采取"民分四等"政策，把国人分为四等：一等是蒙古人，二等是色目人，三等是汉人，四等是南人。蒙古贵族处于最高统治地位，这种政策维护了蒙古贵族的特权。在民族文化上，元朝统治者采用了相对宽松的多元化政策，他们既尊重国内各民族的文化和宗教，又鼓励各民族进行文化交流和融合，甚至还包容和接纳外国文化，欧洲著名历险家马可·波罗就曾被封为元代的重要官员。

马可·波罗

元代学校教育制度上尽管没有多大创新，但也形成了自己的特点，中央官学、地方官学和书院共同构成了元代的学校教育制度。

元代中央官学

元代中央官学主要由两类构成：以汉文进行教学的儒学教育机构——国子学，以少数民族文字进行教学的教育机构——蒙古国子学、回回国子学，以及司天监、太医院等政府专职机构下属的专业教育机构。

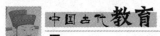

1. 国子学

1287 年，元朝设立了负责掌管全国教育事业的机构——国子学（即国子监），它隶属于集贤院。国子学是元朝时期国家的最高学府，专门进行儒学教育。蒙古国子学、回回国子学与国子学相并立，共同构成了元朝的中央官学。1315 年，国子学实行升斋积分制。该制度具体实施方法如下。把国子学分为六斋，每季度考学生的学行一次：孟月、仲月，试经疑、经义；季月，试古赋、诏、诰、章、表、策，蒙古、色目人只试明经、策问。根据学生考核情况，词理俱优者计 1 分，词平理优者计 0.5 分。年终核算后，积至 8 分者，可以充为高等，依次升斋。升到最高等级的斋舍后可以直接授官，蒙古人授官六品，色目人授正七品，汉人授从七品。

2. 专门教育机构

元朝同唐宋朝一样，设置专门教育机构，医学、书学、算学等都归属于中央的专职政府部门管辖，如医学归属于提举司，附设于太医院之下，兼具教育机构与医疗行政管理机构两重属性，它还担负着编辑整理医学著述，试验药材等工作。再如天文学，隶属于司天监，是掌管天文历法的专业机构，下设的教学与研究机构有天文科、算历科、三式科、测验科、漏刻科，有 75 名主攻天文科的学生就读。

元代地方官学

地方官学的教育工作在元朝时期也很受重视。1261 年，元朝政府设置了诸路提举学校官，以后又设立了儒学提举司，作为地方学校的专门管理机构，直接对朝廷负责。这种地方教育管理机构为明清两代所继承。元朝的地方官学比较发达，据统计，1288 年，全国共有地方学校 24400 多所。

元朝地方官学的主要类型有：

（1）儒学。在元朝，儒学是地方官学的主要构成，各级地方行政机构，如路、府、州、县都设有儒学，在一段时期还附设了小学。

（2）地方专门学校。除儒学外，元代地方官学还设有蒙古字学、医学和阴阳学，与中央官学中的蒙古国子学、医学和天文学相对应，使各类地方学校与中央学校相配套。

（3）社学。社学是元代创立的独有的基层教育设施。元朝规定，每50家左右编为一社，每社必须设立一所学校，遴选通晓经书的人为教师，在农闲时由这些教师引导社内子弟学习文化知识。从教学目的上看，社学的主要教学任务是对学生进行伦理道德的教化和开展政策法令的宣传，它是一种基层教育机构与政治教化相统一的组织形式。

元代的书院教育

在元朝时期，书院发展的一大特点就是书院官学化。实际上，宋朝政府已经采取多种形式，如学田资助、赐书、赐匾额、任命山长等方法来笼络书院，促使其向官学化的方向转变。到了元代，这种现象日趋严重，元朝朝廷直接将书院山长列为各地儒学提举司下属官员的编制，并规定各府设教授二员，书院山长二员。1287年，朝廷颁布的《学官职俸》中规定，书院山长待遇与州学学正相等，山长由行省任免。同时，元代书院还设立了主管书院钱

达德书院

粮的直学一职，把持了书院的财权，而且学生也和地方官学学生一样，须通过考核才能步入仕途。通过这些方式，原本比较自由的书院就完全被纳入官方教育系统了。但元代书院官学化并非那么彻底，书院没有国家统一的编制或生员的名额限制，不一定每个地区都设置。书院官学化的政策，在某种程度上推进了书院的普及与规模的扩大，有利于书院教育事业的发展。其弊端在于大大限制了书院的自由讲学、注重学术等优势的发挥，书院在学术方面的造诣、学术地位、教学质量随之大大下降了。

 ## 元代的社学

　　社学是元朝教育中另一个富有特色的教育形式，它属于正规学校教育之外、教育面广泛的社会教育。在元朝统治者看来，"劝农立社，尤一代农政之善者"。元初，大司农卿张文谦上奏折请于广大农村立社劝农，列出规条15款，其中主要内容为：在县属村疃，以50家为一社，择高龄晓农事者为社长，专以教劝农桑为务。社长所管事宜包括领导农民适时耕种、栽种果木、防疫治病、扶助贫弱、储蓄备荒、除虫去害以及设学教书等。规条中涉及"社学"的内容有："每社立学校一，择通晓经书者为学师，农隙使子弟入学。如学文有成者，申复官司照验。"元世祖忽必烈对张文谦的建议大为赞赏，在至元二十三年（1286年）"命颁于各路，依例施行"。这样一来，大大加强了对农民的封建道德教育和农桑耕种技术的传播，对巩固其统治大为有利。社学出现以后，发展得极为迅速，颁行当年，据大司农司上奏，诸路学校已达20166所。至元二十五年（1288年）时，大司农言，已立学校24400余所。其盛况可以想见。然而，由于管理上的疏漏和各方面条件的欠缺，使这一积极的教育发展计划没能收到切实的效果，等于名存实亡，仅给后世统治者留下了一个颇有价值的借鉴和设想。

　　私人教学在元代因得到鼓励而充分发展，不仅促进了一般教育的发展，补充了学校教育之不足，而且还有利于开展这方面的专门学术研究。

　　除此之外，佛道教育、专业技术教育、音乐美术教育等都在民间以私学的形式广泛展开，内容十分丰富，反映了多民族国家多元文化共同发展的繁荣局面，为统一国家文教事业的发展，作出了积极的贡献。

第五章

走向衰落的明清教育

　　我国的古代教育在明清时期出现了衰落趋势。科举制度的腐朽、文字狱的出现、八股取士制度的推行、文化专制的泛滥、四毁书院的做法，都使封建教育制度走向衰败。与此同时，经学教育的地位受到了排抵，以颜元为代表人物的实学教育思潮兴起，反对科举取士、为社会培养经世致用之才成为社会对学校教育活动提出的新要求。封建教育的危机隐现，中国古代教育处在半殖民地、半封建社会教育的前夜。

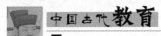

第一节
明朝时期的教育

从明朝开始，古代的封建统治者就开始大力打压教育。文字狱与八股取士制度的出现，大力强化文化专制制度等就是明证，走向衰落是该时期封建教育发展的自然轨迹。与此同时，封建统治者对教育的变革并没有停止，科举制度基本定型、国子监教学制度日益完备、理学教育日臻完善等都是该时期封建教育发展的重要方面。可以说，在明朝与清初，封建社会的学校教育制度变革已经深化到了细节层面，教学与教育管理制度日益健全。

 **明朝文教政策的变迁**

明朝教育在继承宋元教育制度的基础上又有了新发展，文教政策变化、科举制度完善等都使明朝教育具有了许多新特征。

明朝时期，文教政策成为统治者用来维持全国统一思想、控制政策的重要组成部分。随着文教政策重点的确立，各项学校教育改革政策陆续推开。

 1. 进行思想文化控制

明太祖朱元璋从农民起义中深知仁政的重要性，在即位后便强调治理国家离不开儒学，儒士、儒术是国家政治的依托。立国后不久，明朝就确立了"治国以教化为先，教化以学校为本"的文教政策，大力发展学校教育事业，不断提高儒学的地位。明朝文教政策的精神支柱是理学，并对各种不同思想的传播加以限制，约束人们的头脑和思维。在思想领域内，明王朝极力推崇程朱理学，甚至将之奉为官方哲学，不许文人读其他书籍，进而形成了"非

《五经》、孔孟之书不读，非濂、洛、关、闽之学不讲”的学风。《四书集注》、程朱理学成为国家科举考试的标准，而其他与孔孟之道相违背的学说则受到了排斥。

明朝统治者采取的另一思想控制措施是对各级各类学校，包括中央和地方官学进行严格管理，集中体现在国子监专门设立“绳愆厅”，负责对学生的不端行为按照情节进行处罚，由监丞负责掌管。国子监还订立了严格的“监规”管束学生的言论、行动，使之与统治者的统治思想高度一致起来。同样，在地方学校中，统治者也推行专制管理。洪武十五年（1382 年）“颁禁例于天下学校，镌刻卧碑，不遵者以违制论”，以此来实现对地方学校的严格控制。

 2. 实行科举选才与学校育才的统一

设立科举制度，选拔政府所需要的官员，实行科举选才与学校育才间的统一，是明朝文教政策的重要内容。在明朝，官府在选拔人才的方式上采取了荐举和科举二者并重的方式，二者相互平衡、同步推进，确保了明朝统治者对人才的需求。1371 年正月，明朝诏令全国各行省连续三年举行乡试，所有举人都免于会试，赴京师听候朝廷选官。但连考三年之后，朱元璋发现所录取的人才大都是“后生少年”，缺乏实际从政的能力。于是，1373 年 2 月，朱元璋决定暂停科举，开辟荐举的取士之途。荐举的条件有聪明正直、贤良方正、孝悌力田、儒士、孝廉、秀才、耆民等，由各地方长官举荐京师并破格录用。但荐举并不比科举好多少，据《明史》记载，荐举多而滥，多时一次达到 3700 余人，少的时候也有 1900 多人，长此下去，许多荐举之士将无官可授。因此，此后不久，统治者渐渐开始认识到科举制的优越性，科举制逐渐成为明朝选士的主要途径和根本制度，考选庶吉士就是其表现之一。所谓“考选庶吉士”，就是点翰林，其做法是“使进士观政于诸司，其在翰林、承敕监等衙门者，曰庶吉士”。1402 年，明朝专门设立了翰林院庶吉

翰林院

士之制，规定凡进士一甲出身的，任为翰林院修撰及编修，进士未能考入一甲者，一般须经庶吉士学习阶段，才能正式入仕。从此，翰林院与科举考试之间关系变得日益紧密，翰林院成为明朝的人才储备机构，其储备的对象就是科举及第的进士。

明朝的学校教育制度

在明朝，中央官学和地方官学仍旧是学校教育的两大系统。其中，中央官学的主要类型有：国子监、宗学、武学、医学、阴阳学、四夷馆等；地方官学的主要类型有：府学、州学、县学、教司儒学、行都司儒学、卫儒学、都转运司儒学、宣慰司儒学、按抚司儒学，以及府州县皆设立的武学、医学、阴阳学，在农村地区设立的社学等。

1. 中央官学

（1）国子监。1365年，明朝统治者创办了国子监，改应天府学为国子学，并设置了祭酒、博士、助教等教职，专门用于教导皇亲贵族子弟。明朝初期，明太祖朱元璋定都南京后，便在鸡鸣山下重建了国子学。洪武年间，改国子学为国子监。到了永乐元年（1403年），明成祖又在北京设立了国子监。永乐十八年（1420年），明朝迁都北京，北京国子监随之更名为京师国子监，原来的国子监被改名为南京国子监。从此，明朝就产生了两个国子监。

从教师及管理者来看，明朝国子监设有祭酒、司业、监丞、典簿、典籍、博士、助教、学正、学录等官，队伍庞大。明朝国子监学生的来源值得重视，监生来源多样化是其主要特点。明代国子监的监生主要有四个来源，分别被称为举监、贡监、荫监和例监。其中，举监是指在京会试中落第的举人，由翰林院择其优秀者送入国子监；贡监是由各地方官学选送到国子监的学生；荫监是指三品官以上子弟或功臣，以及他们的外戚子弟；例监是指百姓捐资纳粮于国家后，政府特许其子弟入学的，又称"民生"。另外，国子监中还有来自少数民族的生员，被称为土官生，以及外国的留学生，被称为夷生。

明代国子监的教学管理制度更为完备，其主要特点有以下几点：

第一，分堂教学和积分制教学制度。其做法是：把国子监分为六堂，即"正义"、"修道"、"诚心"、"崇志"、"广业"、"率性"。其中"正义"、"崇志"、"广业"为初级堂，"修道"、"诚心"为中级堂，"率性"为高级堂。监生按其学习程度进入各堂学习，然后根据其成绩依次递升。

第二，完备的监生课业管理制度。国子监对监生的课程安排、教学方式方法、教学计划等方面都有明确的规定，并安排了周密的课程修习计划，每天都安排有功课，分别为晨课和午课。晨课由祭酒率领属官出席，祭酒主讲；午课在午后进行，主要活动内容是会讲、复讲、背书、论课等，由博士、助教主持。

第三，监生历事制度。这是明代国子监的首创，它主要用于培养学生的政务能力。1372 年，明朝国子监创立了监生历事制度，其主要方式是把监生分拨在各衙门历练其政务能力，3 个月后进行考核，上等者送吏部备选，监生可以继续历事，如有官位空缺，则按顺序任用；才能一般者则送回国子监继续读书；懒惰者则不再任官。建文帝时期，明朝官方进一步规定了考核办法，根据学生历事情况将其分为上、中、下三等，上等者选用，中、下等者再历 1 年，再参加考试。监生历事的创立锻炼了监生的实际政务能力，有利于使其理论与实践相结合，有利于封建官吏的成长。

第四，严密的监规制度。明朝国子监对监生的管理也较为严格，其所订立的监规达到 56 条，对生员进行严酷的训导、管理和思想控制，动辄施以痛决、充军、吏役、枷镣终身、饿死、自缢、枭首示众等残酷的惩罚，从而对生员进行思想控制。

（2）宗学。宗学属于明朝皇室贵胄子弟的学校，在北京、南京均有设立，一般招收皇帝宗室中年未及弱冠的世子、长子、众子及将军中尉等官的子弟入学。这类学校的教师从王府长史、纪善、伴读教授等官中挑选出来，同时还从宗室中推举一人为宗正，负责学校的行政事务。宗学的学习内容主要是《皇明祖训》、《孝顺纪实》、《为善阴骘》等。

（3）武学。创设于明朝洪武年间的武学设置于儒学之内，它的主要目的是教导武官子弟。英宗正统年间，明朝政府正式在北京、南京设立了武学，其中设立教授 1 人，训导 6 人。明朝武学大致分为六斋："居仁"、"由义"、"崇礼"、"宏智"、"敦信"、"劝忠"，所学内容主要有《论语》、《大学》、《孟子》及《武经七书》等。

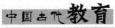

 2. 地方官学

明朝地方官学较为发达，类型多样、管理周密、制度健全，形成了一个较为庞大的学校教育系统。从总体上看，明朝的地方官学可以分为儒学和社学两大类。

（1）府、州、县儒学。明朝规定：各府、州、县都应该设学，府学应该设立教授 1 人，训导 4 人；州学应设立学正 1 人，训导 3 人；县学应设立教谕 1 人，训导 2 人。地方学校的教师一般由下第的举人来充任，或由贡生或国子监生来担任。明朝对府、州、县学的学生名额有严格的规定，一般为府学 40 人，州学 30 人，县学 20 人。后来，随着生员的增加，学生类型也日益多元化，大致分为 3 类：由政府供给食宿费用的学生为廪膳生员，另外 2 类学生为"增广生员"和"附学生员"，政府不承担其食宿费用。在地方官学中，明朝规定：所有学生要专门学习一部经，在教学中分为礼、乐、射、御、书、数 6 科来分科教学。学生在校一般要每月参加一次考试，岁考、科考一般由掌管一个省的教育行政大权的提学官来主持。

（2）卫学和各司儒学。"卫"是明朝的一级重要军事机构，明朝设有 26 个卫，外受都司的管辖，内受五军都督府的统辖，设立卫学和都司儒学是明朝地方官学的一大特点。1384 年，明朝设立了辽东都司儒学、岷山卫儒学，11 年后又设立了北平行都司儒学、大宁等卫儒学，1395 年创立了都转司儒学、宣慰司儒学、按抚司儒学和诸土司儒学等。在这些学校中都设立教授 1 人，训导 2 人，主要招收武生和军生。学生一般有两条出路：一个是推荐入国子监读书，一个是参加科举考试。除此之外，明朝还在边疆少数民族地区设立了土司儒学，专门招收土司子弟，向他们传授儒家经典。

（3）社学。明朝的社学制度沿袭于元朝，各地乡村广泛设立了社学，主要教授民间子弟学习儒家经典，同时学习兼读《御制大诰》等朝廷的律令。1504 年，明朝下令各府州县建立社学，选择明师教授，招收民间 15 岁以下的幼童，教他们学习冠婚丧祭方面的礼节。

明朝书院教育的发展

明朝初期，作为理学的传播基地——书院的发展态势较好，但随着明朝学校教育系统的日益完备，统治者开始重视书院游弋于学校教育体制之外的这种格局，尤其是书院自由讲学、质疑问难的学风对封建统治的威胁更加为统治者所警惕。到了明朝中后期，统治者四次禁毁书院，书院遭到了史无前例的摧残。实际上，明朝统治者四毁书院的政治行为与东林书院的办学情况直接相关。

 ## 1. 东林书院的发展

东林书院是明朝时期影响最大、影响范围最广的书院。东林书院位于江苏无锡城东南，起初是北宋理学家杨时的讲学之所。杨时，人称龟山师长，是东林学派的创始人。元朝，东林书院被烧毁。到了明朝万历年间，无锡人顾宪成及其弟顾允成在当时的常州知府、无锡县令等官员的支持下重新修复了东林书院，同时还邀请了一批志同道合的学者前来聚众讲学，最终形成全国闻名的"东林学派"。随之，东林书院成了东林学派的活动基地。

在明朝，东林书院是当时的一个重要文化学术中心，它形成了一套较为完备的讲会制度，为学者论辩、阐发自己的观点提供了舞台。这种书院讲会制度是从南宋时期开始的，到了明朝，这种制度日益规范，最终发展成为一套严谨的学术制度。在东林书院，讲会活动定期进行，每年一大会，每月一小会，每次讲会活动都要推选一位学者来主持。在每次讲会活动开始时，书院都要举行隆重的仪式，学者们讲学的内容主要来自"四书五经"，在讲学时，要求到会者必须虚心听讲，积极参与研讨，相互切磋论辩。

其次，东林书院还是一个重要的政治活动场所。东林书院的主要教学便是讲学活动与政治斗争相结合。顾宪成在为东林书院题写的一副对联中写道："风声雨声读书声声声入耳，家事国事天下事事事关心"。这副对联充分反映了东林书院将求学活动与政治实践相互关联的务实精神。东林书院在讲学之余利用清议活动来抨击政治、讽议朝政、弹劾显贵，以正义、真理的精神影响朝政。这种"学以为政"的活动对社会产生了很大影响，许多有识之士慕名前来，聆听讲会活动。

东林书院

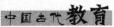

公元1625年，由于干预朝政，东林书院受到了魏忠贤的迫害，东林党人被杀，书院被禁毁。直到崇祯六年，书院又被修复，名声恢复如初。

总之，东林书院既是一个重要文化学术中心，又是一个重要政治活动中心，在明朝书院史上享有很高的地位。

 知识链接

囊萤映雪

车胤（333—401年），字武子，东晋时期南平郡离县人（今临澧县柏枝乡）。车胤幼时家贫，连买灯油的钱都没有，而他又想在晚上读书学习，便捉了许多萤火虫，装在一个透光的袋子里，利用萤火虫发出的光来读书。这就是车胤"囊萤"的故事。

孙康（生卒年不详），晋代京兆（今河南洛阳）人。孙康幼时酷爱读书，常常夜以继日地苦读，可是因为家里太穷，买不起灯油，一到天黑，便没法再看书了。一个冬天的夜晚，孙康无意中发现窗外透进几丝光亮。他开门一看，原来外面下了一场大雪。他灵机一动，便拿起书来，借着雪地上的反光看起书来。从此只要是下雪天，他便再也不因为无灯看书而发愁了。这便是孙康"映雪"的故事。

 2. 明朝书院的四次禁毁

与东林书院的命运大致相似，明代一批有影响力的书院也由于政治上的牵连而多次被禁毁。从明朝中后期开始，共有4次较大的书院禁毁活动，它们分别发生在嘉靖十六年（1537年）、嘉靖十七年（1538年）、万历七年（1579年）和天启五年（1625年）。

（1）第一次禁毁书院。

嘉靖十六年，御史游居敬上书朝廷，痛斥南京吏部尚书湛若水以书院为基地宣传其学术思想，认为他"倡其邪学，广收无赖，私创书院"，故请求朝廷禁止书院收徒讲学活动，"以止人心"。在此情况下，明朝官方下令各地行政机构毁掉所辖书院，甚至在该年四月下令禁止全国各地私自创办书院。实际上，在当时只有湛若水创办的书院受到了一些影响，各地的书院依旧在照常开展教学活动。

（2）第二次禁毁书院。

嘉靖十七年，吏部尚书许瓒提出：各地官学坏而不修，而书院兴建活动热情不减，如此耗费民财，扰乱民心，势必不利于封建统治的稳定。因此，他上书朝廷，请求朝廷对书院教学活动严加限制，毁掉天下书院，以利于全国的思想统一。于是朝庭颁布禁令，许多官办书院被禁毁，而一些私立书院依然正常开办，并未受到太大影响。就实质而言，这两次禁毁书院活动是针对著名学者王阳明和湛若水的，书院被禁毁只是政治斗争的牺牲而已。所以，官方越禁，民间热情越高，书院反而呈现出勃勃发展生机。

（3）第三次禁毁书院。

万历七年，正值张居正执政时期，他对书院讲学十分不满，提倡控制思想，反对思想自由。他认为，儒生只要钻研儒经经义，力求身体力行就可以了，不必另办书院，聚徒扰民。张居正甚至写信给宪长周友山，指责书院讲学是"作伪之乱学"，是不务正业之途。当时，正好常州知府施观民搜刮民财、创办书院，张居正便利用此事件借题发挥，一面降罪施观民，革除了他的职务。同时又以皇帝的名义下令禁毁天下所有书院，除应天府外其他64所书院全部改成了公廨。实际上，张居正禁毁书院的主要原因是担心书院讲学活动会"摇撼朝廷，爽乱名实"。因此，此次书院禁毁活动是出自其政治目的的。由于张居正的禁毁行为，许多书院的教学活动被迫走向隐蔽，书院的自由办学受到影响。公元1582年，张居正去世，从万历十一年（1583年）起，全国复建书院的活动陆续展开，一大批书院又重新崛起。

张居正故居

（4）第四次禁毁书院。

在天启五年，明政府开始第四次禁毁书院。其主要诱因是宦官魏

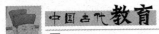

忠贤禁毁东林书院，进而殃及其他书院。魏忠贤为了报复东林党人，下令全国禁毁书院，迫害政治对手。在魏忠贤的迫害下，东林书院大部分建筑物被拆毁，其中包括依庸堂。天启六年（1626 年）五月初，东林书院再次遭到浩劫，建筑全部被强行拆毁，徒留一片瓦砾，成为一处废墟。在摧毁东林书院的同时，魏忠贤还下令拆除全国所有书院，进而将书院禁毁活动推向全国各地。直到崇祯皇帝即位、罢黜魏忠贤之后，第四次禁毁书院的行为才得以停止，全国大部分书院才开始得以恢复。

第二节
清朝时期的教育

　　清朝初期，统治者实行了一系列奖励垦荒、减免捐税的政策，促进了社会经济的迅速发展，至 18 世纪中叶出现了"康乾盛世"的繁荣景象。在政治上，清朝的中央集权专制统治更加严密，国力日益强盛，康熙年间还重新收复了台湾，与俄国签订了《尼布楚条约》，勘定了中俄边界，乾隆中叶又收复了新疆，建立起了多民族的统一国家。在文化上，清朝编纂了《四库全书》、《古今图书集成》等重要文化集大成之作，整理了中国历史文化遗产。同时，为了实施文化专制政策，清朝统治者制造了文字狱，加强对文人的思想控制，大肆销毁文化古籍，推行剃发易服政策。经济上，清朝实行重农抑商政策，制约资本主义萌芽的发展。在清朝初期，统治者采取了一系列新文教政策，加大了对文化教育的控制，以利于其统治。

清代文教政策的变革

　　清朝是我国历史上最后一个封建帝制国家，其对全国文化、思想的统治更加严苛，这些做法集中体现在清朝所确立的文教政策上。

从清朝初期开始，统治者采取了重文轻武的文教政策，推进国内文化思想的统一。这些文教政策主要有：

 ### 1. 思想上推行尊孔崇儒的政策

清朝统治者一入关就确立了提倡孔教儒学、强化文治的文教政策，努力将儒家思想确立为人们的共同思想规范。为此，清朝统治者采取了一系列象征性举措：一是加封孔家子孙。1644 年，顺治帝下令封孔子的第 65 代传人孔允植为"衍圣公"；1645 年，顺治帝又加封孔子为"大成至圣文宣先师"，并举行了非常隆重的祭孔典礼；1683 年，康熙皇帝亲自为孔庙御书"万世师表"的匾额，并且亲自到曲阜开展祭孔仪式；乾隆皇帝先后 9 次到曲阜去朝圣。二是撰写孔子的赞文。如 1682 年，康熙皇帝专门写了《至圣先师孔子赞》；1727 年雍正皇帝亲自写下了《孔子诞辰告祭文》，等等。

除此之外，为了把尊孔观念渗透到人们的生活中去，清朝还采取了两个重要举措：一是将孔子的名字也列入了回避名讳的范围之列。这是清朝将崇儒政策嵌入人们的社会生活的直接体现。二是把孔子生日：农历 8 月 27 日列为一种节日，并举行形形色色的庆祝活动，这就把孔子的诞辰与皇帝的诞辰提高到同一规格层次之上。这是清朝统治者崇儒的重要体现。

 ### 2. 抬高"程朱理学"的地位

选择一种儒学思想来统一社会的意识形态历来是封建统治者的重要统治策略之一，清朝亦是如此：推崇"程朱理学"是清朝文教政策的第二个立足点。清朝初年，统治者竭力倡导程朱理学，甚至把它视为全国的官方哲学，采取各种方式提高它的学术地位，集中体现在以下三个方面：其一，把程朱学派的观点作为科举考试的标准答案，其他学

南京夫子庙

派的观点一律被视为异端；其二，加封朱熹的后人，顺治十二年（1655年），清王朝把朱熹的第15代传人朱煌封为翰林院的五经博士，康熙五年（1666年），皇帝下诏让朱熹的第16代传人朱坤接任翰林院的五经博士；其三，把朱熹作为孔庙中大成殿的配享，将他列为十哲之一，并命人编纂《朱子全书》，由皇帝亲自撰写序言。这些举措的实施都将程朱理学提高到一个史无前例的地位。

 ### 3. 大力推行文化专制

清朝以超过以往历代的多样形式和力度来推行文化专制，其主要目的有两个：其一是调和满族和汉族之间的民族矛盾，强化统治基础；其二是推行文化与思想统一，防止汉族统治卷土重来，麻痹汉族的抵制意识。其具体事件如下：

首先是文字狱。据历史记载，康熙、雍正、乾隆三个朝代总共发生的文字狱案件有155件，数量之多令人震惊。相比而言，清朝的文字狱比任何朝代都残酷。通过这种高压政策，迫使民众臣服。例如，在康熙年间的两个最大的文字狱案件是庄廷鑨的"明史案"和戴名世的"南山集案"。这两个案子的缘起是二人写的两部书《明史》和《南山集》中有怀念、眷念明朝的民族情绪。为此，统治者对作者及其家人进行了各种各样的迫害，受牵连者约有200多人。当然，实际上受迫害和牵连的人数远远超过了这个数字。这就是清朝的文字狱，是文化专制的第一种体现。

其次是成立了编书馆，组织大批士子编写各种古书，防止他们讽议朝政。清初，统治者成立了一些编书局，把全国最有名的一批读书人和知识分子组织起来，让他们去编纂古书、搜集各种古籍，使之没有机会去讽刺朝政。《康熙字典》、《佩文韵府》、《古今图书集成》、《性理精义》等都是在该时期完成的。其中，最为浩大的工程要算是《四库全书》了。该书的编撰从乾隆十七年（1752年）开始，历经10年才完成。全书分为经、史、子、集4部，总共收集的书有3503种，总计79337卷，成为中国古代史上最大的一部丛书。

在相当长的一段历史时期内，清朝的这些文教政策起到了维护社会稳定、推动文化事业发展的作用。但到了清朝后期，这些文教政策的弊端随之暴露，其负面影响越来越大，最终影响了教育事业的健康发展。

清朝的学校教育制度

与宋朝、明朝一样，清朝的学校教育制度也分为官学、私学和书院三种，其中官学包括中央官学和地方官学两部分。

1. 中央官学

清朝的中央官学包括国子监和中央各部门所属的学校。

（1）国子监。在清朝，国子监同样具有管理和教学的双重职能。清朝国子监特设了一个专管国子监的监事大臣，负责总管国子监的一切事务，其他学官如祭酒、司业、监丞、博士、典簿等都由满族人和汉族人共同担任，按照两个民族各一人的编制来设置。同明朝相比，清朝的国子监发生了很大变化，集中体现在以下三个方面：

第一，生源日趋多样化。明朝国子监生源只有荫监、举监、贡监、例监4类。而清朝国子监学生成分更为复杂，开始有了监生和贡生的区别。贡生是通过考试被选升到国子监学习的学生，分为岁贡、恩贡、拔贡、优贡、副贡、例贡。"岁贡"、"恩贡"、"优贡"同明代相同；"拔贡"是从各直省科试的一、二等生员中选拔出来的生员，雍正时每6年选拔1次，乾隆七年（1742年）改为每12年选拔1次；"副贡"每3年选拔1次，是从每届乡试取得副榜者（即乡试扩录者）中挑选出来的，副榜一般不能参加会试，但可直接增附为"副贡"，他们既可被挑选为官，又可入国子监就读。监生分为恩监、荫监、优监、例监4类，统称为国子监生。其中，恩监是指对那些先圣先贤之后裔恩准入监读书者，或由汉军八旗文官子弟恩准入监学习者。荫监分恩荫和难荫，恩荫是在京官职四品以上、京外官员三

国子监内景

品以上、武官二品以上的官员，按例可特准一子入国子监读书就学；难荫则专指品官因公殉难，封荫其子进入国子监读书者；优监是在附生中选拔入学的监生。

第二，国子监之下设立了八旗官学、算学，以及招收留学生的琉球学馆和俄罗斯学馆。国子监下设的八旗官学包括正黄旗、正白旗、正红旗、正蓝旗、镶黄旗、镶白旗、镶红旗、镶蓝旗等旗学，都设有专门的助教和教习，满族人、蒙古人、汉族人都有，学生也来自满族、蒙古族和汉族，并根据民族分班。

第三，废除了积分制度、监生历事制。顺治十七年（1660 年），国子监废除了积分法，康熙元年废除了监生历事制，对学生采取了新的考核方法。同时，国子监的教学内容也有所扩大。乾隆二年（1737 年），根据刑部尚书兼管国子监大臣孙嘉淦的建议，国子监生在学习应付科举考试的内容外，还仿照宋代胡瑗的分斋教学法，学习一经，学会做一件实际事务，学习如历代典礼、赋税、律令、边防、水利、天文、河渠、算法等方面的实用知识。

（2）中央各部门附设的教育机构。除国子监之外，清朝中央的其他部门还附设了一批主要从事专业教育工作的教育机构，这些教育机构有：

一是内务府设立的官学。1685 年，内务府设立了景山官学，主要教授对象为八旗子弟，以满文翻译、汉语、四书、作诗等为教学内容；1729 年，内务府又设立了鲜咸安宫官学，同样以八旗子弟为教授对象，教学内容除上述内容之外还有书法与射击等；1747 年，又设立蒙古官学，以蒙古族子弟为教育对象，主要教授蒙文经书、蒙文翻译等；1756 年设置回缅官学，教授在京回族学生，主要学习回文；1696 年，设立长房官学，主要以太监为教育对象，学习内容为汉语等。

二是宗人府设立的官学。1653 年宗人府设置了宗学，以宗室子弟为教育对象，主要学习满文、汉文、骑射等；1729 年设置了觉罗学，其教育对象是觉罗氏的子孙，学习内容也为满文、汉文、骑射等。

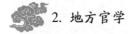

2. 地方官学

清朝地方官学以儒学为主，与明朝一样，同样设立府、州、县、卫学。与明朝相比，清朝地方官学又呈现出许多新特点：

（1）管理机构日趋完善。在清朝，地方官学在管理上普遍由提学官管辖。

在清初，各省设立督学道，一般从那些有进士身份的六部（吏、户、礼、兵、刑、工部）的郎中中挑选人选来担任。只有顺天、江南、浙江三地设提督学政，人选从翰林院官中选拔。

（2）考试形式名目繁多。凡有资格参加地方儒学入学考试的人，统统被称作童生，故地方儒学的入学资格考试被叫做童生试，或称小试、小考；由各省学政主持的考试叫院试或"道试"；由府长官主持的考试叫府试；由县长官主持的考试叫县试；生员在学，逢丑、未、辰、戌年的考试叫做"岁考"或"岁试"；逢寅、申、巳、亥年的考试叫做"科考"或"科试"。

（3）普遍采取"六等黜陟法"。在明朝"六等试诸生优劣"的基础上，清朝发明了"六等黜陟法"，它比明朝的方法更为周密、成熟，也更为有效，是清朝在地方官学管理上的一次重要创新。"六等黜陟法"实际上是一种对生员进行定级考试的制度，配有相应的奖罚措施。其做法是：将学生按照考试成绩分为六等，一等增补为廪膳生、二等增补为增广生、三等者无奖无罚、四等者处以相应处罚、五等者降级、六等者予以除名。该方法的基本特点是，对生员进行动态管理，生员的等级不是固定的，而是根据学业成绩或升或降，将学生等级与学业成绩紧密挂钩，有助于调动其学习积极性，提高官学的教育质量。

 3. 社学和义学

顺治九年（1652年），清政府命令每乡要设置一所社学，但在实际执行中大多名不副实。康熙四十一年（1702年），政府在京城崇文门外设立了义学，成为儿童教育的主要机构。在清朝，由官方设立的义学、社学等，国家每年都拨给一定的经费，给教师免除

辟雍

差徭，学生也享受一定的待遇，故具有官学的性质。

 ## 科举制度的完备

到了清朝时期，科举考试的基本制度日臻完善，成为一种较为完备的选官制度，其大致框架日益定型。

1. 科举考试的基本程式已经定型

在清朝，进士科举考试成为科举考试的主要形式，它一般包括三级考试：院试、乡试、会试和殿试。

院试是科举考试中最低级的一级，一般在府城或直属省的州所举行，由学政、学台或宗师主持考试。院试包括岁试和科试两种形式。所有参试者必须首先获得童生资格，即通过由本县的知县主持的县试或由本府的知府主持的府试。在清朝，县试一般在 2 月举行，而府试则大致在 8 月举行。童生通过岁试，就算"进学"了，成为生员，或称其为秀才、相公。在岁试中成绩优良的生员即可参加科试，通过科试后才可准许参加更高一级的考试——乡试。

乡试在京城及各省省城举行，3 年考试一次，一般在子、卯、午、酉年的 8 月举行。乡试的考场被称之为贡院，贡院内建有一排排的号房，是考生住宿、答题的地方。乡试的正副考官一般由皇帝任命在京的翰林及进士出身的部院官员担任。乡试在 9 月发榜，乡试取中的考生统称举人，其中的第一名叫解元。会试和殿试是最高一级的国家考试。

会试在京城的贡院举行，由礼部主办，在乡试的第二年，即丑、辰、未、戌年举行，主考官为大总裁，由内阁大学士或六部尚书担任，

殿试三鼎元匾

具体时间在 2~3 月份举行。贡士就是指在会试中被录取的人，第一名者叫做会元。在清朝，新录取的贡士在殿试前还要参加一次复试，并按成绩分为一、二、三等，作为对考生授官的重要依据。科举考试的最高环节是殿试，大致在 4 月份举行，名义上由皇帝亲自主持，担任主考官，但实际上还是由皇帝任命阅卷大臣、读卷大臣协助皇帝来评阅试卷。同明朝一样，殿试一般都只考策问一场。

 2. 科举考试在文体上形成了程式化的八股文

在明朝时期，八股取士作为科举考试的一种定式开始形成，到清朝时达到完善，成为科举考试的法定文体。八股文又称"时文"、"时艺"、"制艺"、"制义"、"八比文"、"四书文"，是清朝科举考试制度规定的一种具有高度程式化特征的特殊文体。八股文只注重考试的形式，不考虑考试内容，文章的每个段落死守在固定的格式里面，就连字数也都有一定的限制，人们只能按照题目的字义敷衍成文。"八股"意指文章的八个部分，即破题、承题、起讲、入手、起股、中股、后股、束股。八股文要求文章必须模拟古人的语气去写。在论述问题时要求引经据典，而且必须对仗平仄，像写律诗那样讲求严格的格律。将八股文作为考试内容，对广大士子的危害是深重的：一方面，它缺乏实用的价值，让知识分子写一些远离现实、言不由衷、沽名钓誉的文章，禁锢了知识分子的思维，将他们的宝贵年华浪费在书斋里边；另一方面，八股文形式主义严重，在写作中要遵守许多清规戒律，诸如怎样破题、承题、起股、落下，如何起、承、转、合，从字数上、格式上、语气上严格限制读书人的思想，使他们同古人亦步亦趋，不思进取、不求创新，将青春年华耗费在故纸堆里，消弭了读书人的斗志。总之，八股文使得读书人只会做文字游戏，难以成为治国安邦的实用之材，致使清朝学术文化停滞不前。

 3. 形成了严格的考试规则，科举考场规则日益健全

在考试前的保密工作上，清朝科举考试时对试题保密更为严格，考官拟定考题后，由礼部掌管，考试时须在考场当众启封。在制作考卷时，要求主考官和同考官亲自监督刻印试卷工作，不能多印一张。印卷时所有参与人员一律不能外出，甚至考试用的试卷纸都要由提调官监制，再送到临官逐卷加盖"关防"印章，防止考官泄题漏题。在考场监察方面，采取了更为严密的检查措施，在考试前、考试后、考场内、考场外都严立禁令，对考生和考官都要进行严格搜查，防止考生夹带入场。另外还专门颁布了防止考官作弊的法律规定：受任考官必须限期到达，不准携带家属，不准向亲朋辞行，不准携带过多随从人员。清朝还形成了回避制度，乾隆九年（1744 年）规定：凡是考官有亲属关系的人参加科举，考官要及时回避。另外，还规定：在考试期间采取锁院制度、巡视制度，严密监控考生的举止与行为。这些做法都在最大程度上保证了科举考试的公正性。

清代书院的发展与终结

明中叶，书院的兴盛和讲会制度的发展曾经带动了学术的活跃，激发了知识分子关心国家、民族前途、命运的热情，也招致统治集团的恐惧，从而采取了连续禁毁的极端措施。

清代统治者在统一全国之后，吸取明代的经验、教训，对书院采取了严格的限制措施。然而，从雍正十一年（1733 年）起，在禁止私人创办书院的同时，清政府开始提倡官办书院，首先在各省会所在地兴建或恢复书院 1～2 所，并拨给帑金以资膏火。各省陆续兴办书院，并使之成为省内的最高学府。

之后，各府、州、县也纷纷设立书院，"或绅士出资建立，或地方官拨公帑经理，俱申报该管官查复"。各级书院多被纳入了官学的轨道。

在鼓励书院发展的同时，清朝统治者也加大了对书院的控制力度。书院逐步变成仅是"广学校之不足"的官学附庸，书院主持者和主讲人多不再讲学修德，只是应付科举考试，读书士子也多迷恋于八股试帖，领取膏火。衡量书院成败得失也多以登科人数多少为准，书院讲学的主动性大为降低，学风日渐腐败。

甲午中日战争失败以后，清政府开始对书院进行改制。这次战后，帝国主义列强愈发加剧了对中国的侵略活动，使中国面临着空前严重的瓜分危机。在这种形势下，书院教育同社会需要不相适应的情况更加尖锐地突现出来。于是，伴随着康有为、梁启超等资产阶级维新派代表人物所领导的维新变法运动的兴起，书院改制问题也成为当时的重要议题之一。光绪三十一年（1905 年），两湖总督张之洞、直隶总督袁世凯等 6 名封疆大吏联名奏请立停科举，清廷为形势所迫，只好于同年八月四日下谕废止科举制度。而这也就使一般士子凭借侥幸得第以进入仕途的希望彻底化为泡影，从而使书院改学堂的步伐显著加快。在此后的几年间，全国书院便都陆续停办，或改为学堂，或废弃不用。自唐以来，有着连绵不断、长达千年以上历史的中国书院制度就此告终。

知识链接

情同朱张

东汉时，河南南阳地区有两个人，一人叫朱晖，一人叫张堪。张堪很早就听说朱晖很讲信义，很有信用。但是，两个人原先并不认识。后来，碰巧两个人同时都去了太学，成为了同学，这才慢慢熟悉起来。他们虽然来自同一个地方，但来往并不是很密切，更不是什么酒肉朋友。一段时间后，两个人都学业有成。当他们俩要分手各回各家的时候，张堪突然对朱晖讲："我身体不好，今天，我们俩同学的缘分到了，要各自回家了，我有一事相托。"朱晖根本摸不着头脑，奇怪地问："你要托我办什么事呢？"张堪说："假如有一天，我因病死了，请你务必照顾我的妻儿。"当时两个人身体都很好，朱晖没当回事，也没有做出什么具体承诺。分手以后不久，张堪果然不幸因病英年早逝，留下的妻子和孩子，日子过得非常艰难。这个消息传到了朱晖那里，朱晖从此便不断地资助张堪的妻子和孩子，年复一年地关心他们。朱晖的儿子很不理解，就问父亲："您过去和张堪没什么交往啊？怎么对他的家人如此关心呢？"朱晖说："是的，我的确跟张堪相交不是很深，但是，张堪在生前曾经将他的妻儿托付给我。他为什么托付给我，而不托付给别人呢？是因为他信得过我。我怎么能够辜负这份信任呢？我当时没说什么，实际上，我在心里已经承诺过了。所以，我必须守信，履行我对张堪的诺言。"

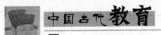
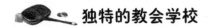 独特的教会学校

教会学校是中国近代教育的重要组成部分，在19世纪中下叶，教会学校在清朝教育领域中占有特殊的地位，有着广泛而深远的影响。教会学校的产生和发展，是伴随着欧美各国对华的政治、军事及宗教文化入侵同步进行的，是在不平等条约造成中国半殖民地化程度日益加深的情况下不断扩展的，它带有明显的文化侵略性质。同时，教会学校的存在，也为中国培养了大批优秀的人才，并在介绍和引进西方先进的自然科学、社会科学方面，发挥了积极的作用。

 1. 教会学校的扩展与分布

教会学校在华扩展的过程大体经历了四个阶段：1842年以前为尝试性的初始阶段，代表性的学校主要为英华书院、马礼逊学校及古特拉富夫人创办的女塾，集中在澳门、香港等地。1842年至1860年为第二个阶段，这个时期的教会学校得到不平等条约制度的庇护，获得较快的发展，分布范围也扩展到开放的五个口岸城市；在办学的规模和数量方面，天主教超过了新教。1860年至1900年为第三阶段，由于《天津条约》及《北京条约》不仅增开了10个通商口岸，并允许传教士到内地自由传教，使教会学校扩大到了沿海主要港口城市，同时逐步地深入到内地城乡各地，教会学校在数量和规模上都有了飞速发展，在这一阶段，教会学校的办学手段及学校类型也趋于多样化。由于广泛地分布于城乡各地，因而与中国各种社会阶层及其文化、礼俗接触更为频繁；教会学校借助条约制度所给予的种种特权，积极干涉或介入中国各级地方的行政、诉讼及文化教育事务，从而也引起了与中国士民更为频繁的纠纷或争瑞，有的甚至导致尖锐的冲突。但这一时期的教会学校，也出现了教学内容及课程逐步系统化、深入化，初级学校为主的学校类型逐步向中等教育增扩的趋势。自19世纪90年代起，教会学校的发展进入第四阶段，开始出现了少量高等教育性质的学校，在介绍西方的自然科学、社会科学知识方面，发挥了颇为重要的作用。1901年，《辛丑条约》签订后，教会学校获得了更多的发展便利，但由于经历了19世纪60年代以来中国各地人民频繁激烈的反洋教风波及义和团运动的沉重打击，教会学校开始转向重点发展高等教育，以期培养少数高级知识人才作为代理人，实现其以华治华的战略目标。而在中小学教育领域，为了更有效地吸收或感召中国学生，并能够为中国士儒所认同，则进行了较大幅度的调整，在教学内容中也增加了一定比例的中国传统知识。因此，1901 年以后可视

教会学校

为教会学校的调整和深化阶段。这一阶段一直延续到辛亥革命之后。

教会学校在华的区域性分布，与西方列强在中国瓜分的势力范围相对应，并以各国宗教差会作为分割势力范围的主体。自鸦片战争以来，各宗教差会的传教和办学区域开始逐步形成并稳定下来，诸如：北长老会在广东，公理会和圣公会在福州、宁波、上海，巴色会和礼贤会在广东，英长老会在厦门、汕头、台湾，美以美会在福州、江苏、浙江及华中、华北、华西，循道会在两广、两湖，浸礼会在山东、宁波，遵道会在湖南，信义会在两湖，公谊会在四川，内地会在西北、西南，等等。中国除西藏、宁夏、青海之外，几乎所有的省份均出现了各种类型的教会学校。

19 世纪 60 年代以后，教会学校的数量增长很快。据不完全统计：耶稣会在江苏和安徽两省的学校：1878 年至 1879 年有 345 所男校、213 所女校，学生人数分别为 6222 名和 2791 名，而 19 世纪 90 年代末期，学生人数已达 1.6 万多名。可见 19 世纪下半叶至 20 世纪初，确为教会学校发展的全盛时期。

总体而言，教会学校在华的扩展进程，与中国半殖民化程度的日益加深是大体同步的，也就是说，教会教育每进入一个新阶段，都是与列强在华侵略势力的深入密切联系着的。

并且，教会学校在华扩展进程，与中国近代教育的萌生和发展大体上保持了同步的对应关系，它的扩展客观上有助于中国近代教育的发展和科学技术知识的启蒙及传播。

 2. 教会学校的宗旨与教学内容

19 世纪中叶以来，教会学校的办学宗旨经历了一个发展变化的过程。在

这一过程中，随着教会学校所处的社会环境的变迁、列强侵华政策的不断变化调整、中国士民抵制洋教和东西方两种文化之间的不断冲突，它也在不断地调整自己的办学宗旨和办学方式，以适应不断变化的社会环境，并在新的环境下寻求一种最有利于生存和最有效地扩大其影响的途径。

在创置的初始阶段，教会学校的目的"并不在教育人才以促进教育之进步，乃欲以学校为一种补助之物，以助其宣传福音之业"。故教学内容也主要是讲授一些粗浅的《圣经》教义和初级的读写知识、算术字母而已。教会学校最初显然只是传教的工具，而不是为了传播广义的西方文化知识，其创办的动机旨在提供传教的便利。这种简单的办学宗旨及内容，只能发挥极为有限的作用，其本身的存在既不足以引起中国士民的关注，所能产生的影响力也是微不足道的。

19 世纪 60 年代以后，发生了一系列有利于教会教育的变故。帝国主义列强在华势力的日益扩大，为教会学校提供了日益强大的政治、军事力量作保障。中国国家主权的日益削弱和半殖民化程度的加深，以及中国士民对外国政治、军事及宗教文化介入的敌视，促使教会学校改变策略，调整办学宗旨，提高办学水平和质量，并以较优厚的物质待遇，来吸引中国人入学。他们借以通过培养出一批具有基督精神和人格、具有较高智识和能力的亲西方华人，来参与国政，控制中国各个领域的领导权力，进而达到"以华制华"的目的。

教会学校办学宗旨的调整，是为了"造成一种基督教的支配"，在中国创造一种适合于基督教教义的社会制度，是企图"导引中国民族运动之心理，

早期女子教会学校

得有圣教之精神，而进入于圣教之羊栈"。应该说，这些宗旨确实包含了促使中国彻底殖民化的意图。但与此同时，教会学校的改善和教学内容的科学化及课程范围的进一步扩大，也为中国介绍了丰富的西方科学技术与文化，大大促进了中国教育的近代化进程，像 1881 年创办的天津中西书院，其课程内容包括：识字、辞句、琴

韵、数学、地图、翻译、西法、文法、代数、天文、几何、化学、微积分、航海测量、万国分法、富国策、地学、金石类考等内容。再如美以美会镇江女塾的课程内容包括：圣经、蒙学、算法、地理、游艺、诗歌、体操（第一年），此后逐年增设的课程有：植物、动物、英语、孩童卫生、四书摘要、数学、尺牍、宗教史、美国史、形学、万国通鉴、万国通史、泰西新史、天方略解、格物入门、策论、地学等等近百种。这些教会学校课程内容的设置，显然比中国旧式学校丰富。因此，在当时，教会学校的教学质量是处于领先地位的。

教会学校的学制和组织形式，大多抄袭本国学校的模式。英国人办的学校，多类似于英国的公学；美国人办的学校则多类似于美国的预备学校。所以从某种意义上讲，教会学校是西方教育的一种移植形式。办一般的中小学，无需任何许可证。但创办教会大学，则需要本国政府注册，取得颁发学位的许可证，教会大学生由此可以获得与外国大学生同等的学历资格。

总之，这些在华创办的教会学校获得了显著成就，教会学校的办学经验、管理模式及章程，为中国近代教育所取鉴；教会学校的课程教材，在外语、自然科学及妇女教育方面所做的工作，也具有积极的社会意义；教会学校也为中国培养出一大批优秀的人才。需要指出的是：尽管传教士期望通过教育来控制中国的主权，支配中国的教育，并使中国彻底基督化、殖民化，但实际的结果却完全背离了这个初衷。在这一点上，中国根深蒂固的文化传统和爱国主义传统，最终发挥了主导性的作用。

 ## 洋务教育：新式教育的兴起

洋务教育是较教会学校起步稍晚的西学性质的近代教育形式，也是19世纪60年代至1895年之间，由少数开明的上层官僚主办的中国官方或半官方性质的近代教育形式。在改良主义教育尚未实施之前，洋务教育始终在推动中国教育近代化的运动中，发挥着主导作用，并且一度成为"同治中兴"的象征性政绩。

1. 同文馆的创建与早期洋务教育

洋务教育的实施是清末官方教育改革的主体，同文馆的创建则是洋务教

同文馆

育实施的开端。洋务教育的产生，有着众所周知的特定背景：对外战争的屡屡失利，对外交涉的屡屡失误，以及丧权辱国条约的签订，使清廷痛感西洋"船坚炮利"的威力及中国军事、外语、机械人才短缺的弊病，并决心借兴学谋求自强。

1861 年 1 月 13 日，长期主持外交事务的恭亲王奕䜣，在一篇陈述"御夷之策"的奏折中，备论"夷祸之烈极"，主张审时度势，权宜办理夷务，并提出"以救目前之急"的六条章程。在这个章程的第五条中，主张在原设的俄罗斯文馆的基础上，选各省的八旗子弟 13～14 岁以下之天资聪慧者各 4 人，学习英法美 3 国文字。1862 年 8 月，在奕䜣等人的大力倡议下，同文馆正式成立，成为中国近代学校萌生的标志。

同文馆的教习，原拟从广东、上海两地挑选谙解外语的中国人担任，但此二地或称"无人可派"，或"虽有其人而艺不甚精"，因而不得不聘请英国传教士包尔腾为英文教习。1863 年，又增设法文馆、俄文馆，并分聘法国传教士司默灵、俄国人柏林担任法、俄文教习。

在同文馆的带动下，洋务派的其他重要人物也纷纷效仿，兴办洋务学堂，使洋务教育在 19 世纪 60 年代形成了初步的声势。诸如：李鸿章于 1863 年创办的上海同文馆（又称广方言馆）、1864 年创办的广州同文馆；左宗棠于 1867 年创办福建船政学堂（原名求是堂艺局），均在当时的教育领域产生了重大的影响，也都属于早期洋务教育的重要设施。这些学校为中国培养了最早的一批近代的外语、军事技术人才和外交骨干。著名的翻译家严复、曾任首届驻日本大使的汪凤藻、驻法大使庆常、出使英国参赞张德彝、民国农商总长周自齐、驻荷兰大使唐在复等，皆毕业于上述学校。他们在 19 世纪下半叶至 20 世纪初推动中国近代化，介绍西方先进的自然、社会科学方面发挥了骨干作用。早年毕业于福建船政学堂的邓世昌、林永升、刘步蟾及毕业于上海广方言馆的黄祖莲等北洋水师将领，在甲午海战中英勇抵抗日军侵犯，尤为国人所敬仰。

 2. 洋务教育的鼎盛及其内容

19世纪70年代至90年代初，是洋务教育的鼎盛时期。在这一时期内，由于洋务派在朝中顶住了守旧势力的反对，并占据了总理各国事务衙门及相当一批重要的督抚职位，在中央及地方均形成为显赫的实力派，因而洋务学堂的建设得以大力推进。

洋务教育鼎盛的重要标志及内容之一便是19世纪60年代创办的早期洋务学堂的扩展和完备。早期的洋务学堂不仅教学内容粗浅单一，学科种类也不完备，且师资力量单薄、学生数量太少，管理体制混乱，往往人浮于事，徒具虚名，远不足以达到初创者的期望。以京师同文馆为例，在19世纪60年代仅设英、法、俄及算学四馆，教学内容的设置也无一定标准，学生人数每馆仅限于10人，所聘的洋教习虽有少数优秀学者，但多有滥竽充数之徒，像德国人方根拔，对天文学一窍不通，却敢于充任天文学教授，就连总教习丁韪良也承认他是个一心只想赚钱的江湖骗子。同文馆之教习设置也不完备，1866年，赫德曾在英国聘请了化学、天文、法文、英文、军事诸科教习，而实际到馆授课的只有化学、法文两教习毕利干与李壁谐。1870年之后，同文馆开始改组扩建，先后增设了医学馆（1871年）、德文馆（1871年）、格致馆（1888年）、翻译处（1888年）、东文馆（1897年）。教学课程在原先的外语、国文、算学及化学之外，增设了万国公法（1869年底，丁韪良主讲）、医学生理（1871年，英国医生德贞主讲）、天文（1877年，美国人海灵顿，俄人费礼饬主讲）、物理

洋务学堂

（1879 年，英国人欧礼斐主讲）。1876 年清廷又正式公布同文馆 8 年课程表，规定：

首年：认字写字，浅解辞句，讲解浅书。

二年：讲解浅书，练习句法，翻译条子。

三年：讲各国地图，读各国史略，翻译选编。

四年：数理启蒙，代数学，翻译公文。

五年：讲求格物，几何原本，平三角，弧三角，练习译书。

六年：讲求机器，微分积分，航海测算，练习译书。

七年：讲求化学，天文测算，万国公法，练习译书。

八年：讲求天文测算，地理金石，富国策，练习译书。

同文馆学生人数也有大幅度增长，1879 年，学生总数已经由原来的 30 人增至 100 人，1888 年又增至 125 人。教师的设置也趋于完备，除汉文教习以外，1870 年至 1895 年陆续到同文馆任教的外籍教习，总数达 35 人之多，主教的学科也包括了同文馆所设的全部课程。同文馆的教学研究设备也有增置。1873 年附设印刷所，备有中文及罗马体活字，负责印刷了大量同文馆的教材和师生译著；1876 年，设置了化学实验室及博物馆；1888 年又增设了天文台及物理实验室。至此，同文馆已由一个初级的外语学堂，演变成为一个综合性的近代中级学院，并具有相当的规模，成为洋务教育的一大功绩。

洋务教育鼎盛的另外一个标志和重要内容便是创建新的学校、扩大学校的种类和规模。据不完全统计，19 世纪 70 年代至 90 年代，洋务派所建的新式学堂达 30 余所。这类学校大体可分为四种类型：

（1）兼习西学的外语学堂，主要有刘襄勤于 1887 年创办的新疆俄文馆、刘铭传于 1888 年创办的台湾西学馆、长顺于 1889 年创办的珲春俄文书院以及张之洞于 1893 年创办的湖北自强学堂。

（2）军械技术学堂。除早期的福建船政学堂之外，主要有江南制造局附设的操炮学堂（1874 年）、工艺学堂（1898 年）及 1880 年刘坤一等人创办的广东实学馆（又称西学馆）。

（3）专业技术学堂。包括电报、医学、铁路、矿务、工程等工种。主要有 1876 年丁日昌创办的福州电气学塾（又称电报学堂）、1880 年李鸿章创办的天津电报学堂、1882 年创办的上海电报学堂、1881 年李鸿章赞助创办的天津医学堂、1895 年津榆铁路公司创办的山海关铁路学堂、1892 年创建的湖北矿务局工程学堂。

（4）水师、武备学堂。这属于专门培养军事指挥人才和训练作战技术的近代军事学校。主要有 1881 年李鸿章创办的天津水师学堂、1887 年张之洞创办的广东水陆师学堂、1890 年曾国荃创办的江南水师学堂（又称南京水师学堂）、1885 年李鸿章创办的天津武备学堂（又称北洋武备学堂）、张之洞于 1895 年创办的湖北武备学堂及江南陆师学堂等。

这类新设的学堂，其办学宗旨及课程内容的设置更加务实：在处理中西学术的关系方面，更加突出了"中学为体，西学为用"的原则；而在分设学校的种类方面，则明显地将军事教育及与军事关系密切的专业技术教育置于重要的位置。作为中国自强运动的一个重要组成部分，洋务教育的兴盛发达，正反映了当时中国社会日益开放、洋务运动日益深化的一个侧面。

当然，洋务教育的鼎盛还表现在留学教育事业的开展及图书、报刊翻译、出版事业的兴旺上，这些都是丰富和深化洋务教育内容的重要途径。

 3. 洋务教育的衰落与终结

1894 年，中日甲午战争的爆发，是检验洋务运动及其教育成果的关键性事件，而清军在这场战争中的惨败，则标志着洋务运动及其教育事业的破产。

洋务教育的破产，虽以甲午战争的惨败为其标志，但这次战争上的惨败，实际上源自于洋务教育自身的致命弱点。作为一种全力服务于军事目的的教育体制，在甲午战争彻底失败以后，洋务教育已经失去原有的活力，从此一蹶不振也是必然的结果。而且，数额高达 2 亿两白银的战争赔款，也使清政府国库枯竭，财政危机更为严重，再也无力支撑这些成本太高、收效甚微的洋务学堂。同时失去了战争活力和财政来源的洋务教育，必然衰落下去。尽管在甲午战争之后，仍然有一批武备、水师学堂陆续问世，以求重振国力，但无异于回光返照，终究不能挽救满清王朝江河日下的命运。

事实上，早在洋务教育初创并臻于鼎盛的时候，就已经埋下了最终失败的恶果，甲午战争的惨败只是加速了这一颓败的过程。首先，洋务教育的目的，与其说是谋求自强之道，毋庸说是为了延长腐朽的满清王朝的封建专制统治。在这一点上，无论是洋务派，还是以倭仁等人为首的顽固派，认识都是一致的。其次，洋务派倡导的"中学为体，西学为用"虽较顽固派的主张有很大的进步，也不失为折衷中西文化冲突的一项策略。但在这一前提下，任何教育变革都不得触动封建的纲常礼教，不得触动封建国家的政体及与此密不可分的封建教育制度和科举制度。正因为如此，洋务教育进行了几十年，都没有提出任何有关国家教育体制的宏远规划和建设。在不触动封建旧体制的前提下，想以改良来达到富国强兵的目的，结果必然是失败的。再次，洋务教育本身也存留着种种的劣根性，这是腐朽的满清政治制度及其弊病在洋务教育内部的必然反映。以同文馆为例，清廷虽对其寄以重望，并不惜重金维持学务，但其内部管理却十分混乱，种种腐败的现象，与旧式官学并无二样。

此外，中国长期闭关自守，开埠以来风气稍开，但大多数官绅仍满足于自守，眼光短浅，兴办洋务教育的初衷，本来就是为了御敌自守，而非拓展国力、走向世界。故洋务教育的规模狭小，拘束小器，毫无泱泱大国风范。相当一批工艺技术学堂，只是为了训练所在地区或所属企业急需的技工，任务一告完成，学堂便自行停办，可谓是浅尝辄止，如同应时一般。即使没有甲午战争这样的重大挫败，洋务教育自己也会迅速衰落下去的。当然，洋务教育是特殊时代的特殊产物，尽管它是在内忧外患的强大压力下，不得已而为之的被动的教育措施，但毕竟是迈出了中国教育走向近代化的第一步，并且培养出了中国最早的一批近代化人才。

第六章

中国古代家庭教育与蒙学教育

　　中国古代的蒙学教育，是指连接于小学与学前幼童之间的一种启蒙教育形式，相当于普通小学教育的初级阶段，但比一般小学教育的含义更为广泛。蒙学教育也包括一般幼童入学之前和学校之外，通过各种形式所受到的启蒙教育，是特指在乡校、家庭和社会教育中那部分经过一定的组织过程，利用特定的方法和手段所进行的文化、道德启蒙教育。

　　几千年的古代家庭教育与蒙养教育积累有丰富的教育经验，许多传统的家庭教育与蒙学教育思想和教学方法，以及优秀的家教教材，对于今天的家庭教育与蒙学教育或许还有借鉴和参考的价值。同时，作为我国古代教育的一个重要组成部分，家庭教育和蒙学教育还是中国历史文化体系中的一个重要方面，了解它，对于更多地了解中国古代文化和教育方面的知识，无疑是十分必要的。

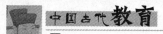

第一节
先秦家庭教育与蒙学教育

  家庭和家庭关系是社会发展到一定历史阶段的文化产物，是人类认识社会和人类自身的发展需要的生产和生活的经验总结。人们为了组织、巩固和发展家庭关系，长辈就向晚辈传授有关家庭和家庭关系方面的知识，传授有关精神生活和物质生活及生产方面的知识经验，培养他们如何处理人际关系和参与社会活动的能力，等等。这样，家庭教育就随着家庭的建立而诞生了。

  从人类社会发展史考察，由于家庭是私有制的产物，它的出现标志着阶级社会的开始。在漫长的阶级社会中，家庭教育也具有阶级的特征，反映在教育内容、目的、方式等方面，不同阶级和不同阶级中的不同等级，是存在差异的。同时，在同一等级中，由于家庭受文化、习俗、地理环境、职业、民族、宗教等方面的影响，其家庭教育也有区别。

知识链接

不义之财

  田稷子，是战国时齐国的相国。一次，他收受了下属官吏贿赂的黄金百镒，并用这些黄金来孝敬自己的母亲。田母看到这么大一笔钱，非常诧异，于是责问田稷子说："你虽然为相已经三年了，但你的俸禄大概还没有这么多吧？这些金子难道是德行纯洁的正人君子应该得到的吗？这种钱我不能收下。"田稷子跪着向母亲解释说："这些金子确实是下属送给我的。"田母严厉地训斥田稷子："我听说士大夫要修身洁行，不能随便收受人家的东西，一定要注意做到洁身自好，言行一致，忠诚守信，办事公正。而现在你做的却正好相反，远离了做臣子的要求。像这些不是从正道上来的财物，我是不会享用的。你这样做就是不肖之子，你不再不是我的儿子了，你快起来吧！"田稷子羞愧万分，急忙将这百镒黄金退还属吏，然后背着草席去向齐宣王请罪。齐宣王弄明白了此事的来龙去脉，十分钦佩田稷子母亲的高尚情操，于是赠以公金，并赦免了田稷子的罪，恢复了他的相职。

这则故事颂扬了田稷子母亲教育儿子拒收不义之财的高贵品质，具有深刻的教育意义和启示作用。

宗族制度下的家庭教育

在原始社会末期，随着社会生产力的发展，私有制逐渐形成，父权父系制终于取代了母系制。所谓父权父系制，即丈夫在家庭中承担起对子女的供养任务，财产按父系继承，世系按父系计算。随着人口的增多，生产力的提高，家庭成员个体的生产能力也得到增强，于是父系氏族逐渐分裂为若干由男性后裔组成的父系大家庭，这就是历史上所谓的父系家庭公社。

父系家庭公社实行的是家长制，这个家长实际上是氏族的族长。家长负责管理整个氏族公社的一切事务，组织领导生产活动，掌握财政大权，负责氏族家庭成员的生产和生活知识与技能的传授，并通过对家庭成员进行传统习俗的训练来巩固家长的统治。这种原始社会的氏族大家庭教育，只能算是我国古代家庭教育的萌芽状态。

自从原始氏族公社解体后，我国进入了阶级社会。在此期间，经历了一个相当长的宗族制阶段，然后才逐步过渡到家族制。宗族在很大程度上仍然保持着氏族的遗风。《礼记·大传》说："同姓从宗，合族属。"所谓"同姓"，就是父族的意思；所谓"从宗"，就是由同一男性始祖的族人共同构成一个生活共同体。在宗族制时期，个体家庭开始出现，但它们没有从宗族系统中游离出来，而是依附和隶属于宗族。作为血缘共同体，宗族不但有共同的宗庙、宗邑、墓地，而且有共同的财产。宗族的首领是大家长，拥有统领、管理与教育该宗族成员的绝对权力，是全宗族父系父权的集中代表。宗族的嫡长子叫宗子，宗子继承始祖的爵位。宗子之下的个体家庭的家长，依附于宗子，在漫长的历史过程中逐步形成了一整套相当完备的宗法制度。

在宗族制时期，同一宗族的成员总是生活在一起，有着共同的生活方式和共同的文化传统。宗族的家教主要由宗子负责，教育内容包括生产、生活、军事、祭祀等方面。其中祭祀共同的祖先，是宗族大家庭的主要教育内容。《礼记·祭统》说："礼有五经，莫重于祭。"为什么如此重视祭祀呢？因为尊祖祭祀活动，能强化同宗族成员之间的血缘伦理关系，以便形成同姓同德、同德同心、同心同志的社会群体心理和观念，维护宗族制和共同保卫宗族的整体利益。在宗族家长制时期，尽管存在个体家庭，但这些个体家庭的家长对家庭成员的教育，是与整个宗族家长实施的教育一致的。如果说有什么区别的话，只是个体家庭的教育把宗族家长的教育落实到每个个体家庭成员，使他们成为合格的宗族家庭的成员。

宗族制度形成于我国奴隶社会的初期，经过夏、商两代得到发展。相传，夏禹传子启，是宗法制统治阶级王位继承的宗法政治的开端。商代时，宗族制度已相当严密，宗族长统率若干分族，分族之下又有若干"类"、"丑"。所谓"类"是血缘宗族的分支，而"丑"则是包括众族属和在战争中俘虏过来的奴隶。在商代已经实行宗法，有大宗、小宗之分，因此这时的宗族家庭教育开始有比较明显的等级区别。

西周时期的家庭教育

西周宗法制的形成，不仅使贵族统治阶层认识到家庭教育的重要，而且随着子孙的繁衍和封建小王国的增多，他们越来越感到小规模的家庭教育不能满足现实政治的需要。由此逐步扩大了贵族子弟的教育规模，即在家庭教育的基础上开始建立贵族子弟学校。

据传，贵族学校早在夏商时期就已经存在，但并未得到文献资料的证实。但在西周时期，贵族的学校教育不仅存在，而且已形成了一套完整的学校制度。西周学校教育的特点之一是贵族的家庭教育与学校教育的紧密结合，表现出明显的阶级性。

西周的贵族学校称为国学，它分为大学与小学两级。这时候的贵族学校主要是根据学生的年龄和身份来区分大学与小学的，并不是现代意义的高等教育和初等教育。西周的大学为天子所设，规模较大，有四学、五学之称。所谓四学，就是南"成均"、北"上庠"、东"东序"、西"瞽宗"；所谓五学，就是上述四学再加上中央位置的环水而建的"辟雍"。不论是四学还是五学，都是专门为统治阶级的上层贵族子弟而设的，这些有资格入学的贵族子弟，被称为国子，上至王太子，下至诸侯公卿的子弟，他们大都是天生的宗法特权世袭者，是天子王位及诸侯国君的法定接班人。后来，诸侯也设立大学，但为了与天子设立的大学有所区别，称为"泮宫"，因为它与四面环水的辟雍不同，只准半面临水，其规模也较小。这是西周等级制在教育上的具体反映。

贵族学校的设立极大地促进了贵族子弟的家庭教育，但学校教育是建立在家庭教育基础之上的。西周时期，家庭教育从胎教为起点，其下限则因学生的身份不同而有所区别。一般说来，王太子8岁入小学，即8岁以前主要是家庭教育；公卿的长子、大夫元士的嫡子，则是13岁入小学；诸侯国的太子一般在八岁时入小学。入小学之前均为家庭教育，而家教有师、傅、保专门负责。女子不能享受学校教育，从小在闺门接受姆教，到一定年龄就出嫁为妇。

胎教是家教的重要组成部分，在西周初期就很受重视。它主要是胎儿的环境教育，如贾谊在《新书·胎教》中说：

贾谊像

"周妃后妊成王于身，立而不跛，坐而不差，笑而不喧，独处不倨，虽怒不骂，胎教之谓也。"胎教之后接着就是幼儿教育。"成王生，仁者养之，孝者褓之，四贤傍之"。所以，《大戴记·保傅》说，贵族子弟自为赤子时，家教就早已开始了。

自从幼儿能学会吃饭时，师、傅、保等家庭教师就教以右手，能言语时就教以说话，能行时就教以行走。然后教以数数和辨识方向；教以音乐，陶冶性情；教以识字，灌输知识；教以礼仪，培养尊敬父母和友爱兄弟；教以军事游戏，以锻炼其身体。师、傅、保负责家教也各有分工。保，主要保护其身体；傅，主要是辅导其德义；师，主要是教导其知识。通过师、傅、保的教育，使贵族子弟在德、智、体三个方面都得到较全面的发展，为他们打下了进入国学接受正规学校教育的基础。

上层贵族子弟入学之后，家庭教育作为学校教育的必要补充依旧进行。《大戴记·保傅》、《周礼》、《礼记》载，王太子入学后，回到宫中要进行家庭教育。《保傅》讲："退习而端于太傅，太傅罚其不则而达其不及，则德智长而理道得矣。"这就是说，王太子从太学回宫后，太傅要进行辅导，使其不良行为得到纠正，使其在学校未学明白的知识要弄懂并且熟练，从而使德性、知识得到开发，完全掌握所学知识。由此可见，西周上层贵族子弟的家教与学校教育是紧密结合、相互促进的。

春秋战国时期的士人家教

在春秋初期，宗法家长制就已经开始衰落。到了春秋末至战国初，宗法家长制逐渐解体。其解体与人口的增加和大量流动，特别是与井田制的解体，有着直接的关系。人口的增加造成原来村社的井田难以维持赋役和生活，由此激起庶民与贵族之间的社会矛盾。此外，贵族氏族的人口繁衍，支庶旁系子孙的贵族地位就难以维持。这导致士以下的平民必然日益增多，并加剧宗族内部的冲突，促进阶级分化。由于这些，过去的封建宗亲居住的城邑、郊区以及庶人、被统治的异族环居四野的"国"、"野"制度逐渐崩溃，从而动摇了宗族制和井田制。

宗族制和井田制的崩溃，势必造成社会和家庭结构的重新改组。加上春秋战国时期持续的社会动乱和政治改革，产生了没落贵族出身的和从平民阶层上升而成长的士阶层。士阶层属于新生阶层，是随着奴隶制度的崩溃和封建制度的建立而突起的一支异军，它突破了奴隶制的社会结构，充当着学术下移的先锋，同时又促进了政治和经济由奴隶制向封建制的转化。士阶层的人数不多，但是他们的社会活动能量很大。无论是没落的贵族出身的，还是由平民阶层上升的知识分子，他们都不甘心下降到平民阶层，成为自食其力的劳动者，而是希望通过"学而优则仕"的道路登上政治舞台，世代为官。所以，士阶层的家教很有一些自己的特点。

首先，士作为智力劳动者，其谋生手段是文化知识，所以注意传授文化知识是士的家教的突出特点之一。农民、小手工业者或商人则把耕种、技艺或经商等作为家教的主要内容。士阶层的家教与士的职业要求是一致的，主要是礼、乐、诗、书等书本知识和"修己治人"之道，重在培养子弟做士的能力。

其次，士的家教旨在使其子弟为入仕做准备。春秋战国时期，士的成分很杂，一般认为，他们可以分武士和文士两种。这时的武士已不同于单凭体力或武艺的兵士，或那些刺客任侠之徒，而是对兵家之事颇有研究的韬略人才，如孙武、吴起、孙膑、乐毅等，不仅为统治者"献力"，而且"献谋"。文士是向统治者"献智"，即为统治者制订政策、出谋划策的，有策士如纵横家苏秦、张仪之流，有学者和教育家如孔子、孟子、荀子、墨子、老子、庄子等等。无论是武士还是文士，由于他们是以为统治者服务为谋生之道，所以他们都很注重自己的从政能力训练以及子弟的礼乐文化教养，甚至在学术艺能方面，如果是自家的独创，则不轻易外传，以保证其子弟在入仕晋升方面保持优势。

士阶层的家教，自春秋战国时期兴起以后，日渐得以巩固和发展。随着社会的发展和读书人数增加，在古代封建社会里，知识分子的家教成了学校教育的必要准备和重要补充。

春秋战国时期的四民家教

春秋战国时期，随着井田制和宗法家族制的崩溃，在农业上，从前那种"千耦其耘"的大批奴隶集体耕作的现象没有了，出现了个体家庭占有私田的劳作方式；在商业上，也打破了"工商食官"的制度；在学术上，由于私学

《管子》书影

的兴起，也打破了"学术官守"，即学术为官府所垄断的局面。由此，随着社会制度的剧烈变化，社会分工把统治阶层以下的社会成员大体上分为士、农、工、商四大类型。

士的家教注重文件知识和做官素养的训练，"六艺"（礼、乐、射、御、书、数）教育是主要的教育内容。此外，还有一种以某一技艺谋生的士，即历史上称为"畴官"的知识分子，其家教值得介绍。

知识链接

"畴官"教育

"畴官"，本是周王室掌握科学技术以服务于贵族的官吏，他们子就父学，世业家传。但在西周末年，由于王室衰微，财力不足，不能养活众官，于是畴官及其子弟分散于民间，成为依靠家传技艺谋生的士。这些士与那些著书立说、"摇唇鼓舌"的文士不同，他们身怀绝技，如对器械制造、天文、历算、医学、冶金、御车、农学等技术有较深造诣。他们凭着自己所掌握的技术，既可以用以谋生，又可以步入仕途。因此，这类士人的家教主要是技艺的传授，教育方式主要是以师带徒，注重基本功训练的观察与实验。一般说来，这类士人的家教，具有相当的保密性，传子不传女，甚至有些绝技只授长子，不授次子，对于外人就更不用说了。但是，这种具有保密性的家教很不利于知识的传播，因为它一旦后继无人，家业中断，就会造成绝技失传。这种现象在医学和冶炼术方面十分明显。

农业生产技术和生产经验是农民家教的主要教育内容，如审时耕种，制作农具，利用土地，识别苗莠，种植的疏密，适时施肥，以及适时收获和贮藏等。除了生产技术之外，农民的家教还很注重观察四时季节的变化与种植的规律，同时也很重视其子弟的劳动态度的教育，故农家的子弟质朴勤劳。

工民之家的家教主要是做工技巧的传授，依其所从事的职业而定。父子之间，"相语以事，相示以功，相陈以巧，相高以知"，从而使世业家传。

商民之家，其家教内容主要是市井商贾之事。它包括对凶饥、国变和四时的了解，对商品产地和市面行情的观察，以及对商品的购买和出售的规律的认识等。商民之家以赢利为目的，父子之教，"相语以利，相示以时，相陈以知贾"，旨在使其子弟掌握经商本领。

春秋战国时期的诸侯家教

春秋战国时期，各国诸侯由于相互兼并，使弱小的诸侯封国陆续被纳入实力强大的诸侯国中，到战国时期逐渐形成了秦、齐、韩、燕、赵、魏、楚七大诸侯强国。

在西周时期，中央王室设立了国学，诸侯子弟在接受家庭教育的基础上，可以进入国学接受正规教育。所以，实际上的"学在官府"是"学在王室"。虽然历史上也有诸侯立"泮宫"的记载，但在西周时期，诸侯建泮宫学校的事例是罕见的。到了春秋战国时期，在政治上强大起来的诸侯纷纷要求其子弟在教育上确实享受特权，一方面大力加强家庭教育，另一方面蓄养文士，创办诸侯宫廷学校，从而把西周时期家教与学校教育相结合的形式发展到一个新的历史阶段，进一步促进了奴隶主上层贵族的学校教育向封建社会的学校教育过渡。

春秋时期的诸侯家教已被视为有关国家兴亡和争霸诸侯的有力措施之一。到战国时期，不仅诸侯的家教得到发展，而且诸侯大夫之家，也在养士的同时，大量聘用德才兼备的士作为家庭教师。

先秦蒙学教育的初创

儿童早期的启蒙学习，简称蒙学。《易经·蒙卦·象辞》："蒙以养正，圣功也。"后人遂将儿童早期教育称为蒙养教育。儒经中记载，西周学制有大学和小学之分。秦汉以后，官员多有一定的文化水平，其子弟可在家庭中完成

启蒙教育，而民间的启蒙教育，政府不需要也没有能力全部包下来，因此除个别宫廷贵族小学外，没有官方的小学，启蒙教育均在民间进行。

人类的历史有多长，蒙养教育的历史就有多久。据推算，中国蒙养教育的历史至少有170万年。先秦的历史是漫长的，先秦蒙养教育的历史自然也同整个中国先秦人类历史一样，经历了一个由起源到缓慢发展的长期过程。

 1. 原始社会的幼儿教养人员与机构

在原始社会早期乃至中期，根本没有专门的幼儿教养机构和专职的教养人员。在当时，幼儿的母亲及本人群或本氏族的其他长辈是幼儿的主要教养者。当时幼儿教育的基本途径就是参加各种社会活动，如参观生产活动、祭祀等礼仪活动，群体的集会，娱乐活动，听长者讲故事等。

幼儿教养机构和专职人员直到原始社会末期才开始出现。古籍记载："米廪，有虞氏之庠也。"庠的意思是养，就是把老人养在这里。所以，有古籍记载："有虞氏养国老于上庠，养庶老于下庠。"既然是供养老人的地方，便需要储存一定的粮食，或是一般将老人养在储存粮食的地方，所以又称"庠"为"米廪"。供养在这里的老人一般都有知识、有经验，所以他们自然就成了教养孩子的老师，庠也就成了教养孩子的机构。当然，这些机构和人员在功能和教养内容等方面还不能与后来正规的教育机构及教师相比，而是仅具雏形和萌芽。

原始社会末期，除了"庠"中的老人为幼儿教养人员外，当时可能还有其他一些负责教养幼儿的人员。《尚书·尧典》载："帝（舜）曰：'夔！命汝典乐，教胄子。'"司马迁在《史记》中则把"教胄子"直接引作"教稺子"。"稺"即"稚"，幼小之意，泛指小儿。也就是说，舜曾命夔做典乐之官，负责教育幼少儿童的工作。

 2. 原始社会的幼儿教育内容

早在原始社会初期，人们就已经掌握了打制石器和用火的技术。这两方面的知识，可以说是当时幼儿能够接受的知识。成人在打制石器时，幼儿一般都要前往观看。成人也会有意地告诉这些年幼的后代，石器需要什么样的石头做材料，要如何才能打制出所需的石器来。幼儿兴趣所致，也必要亲自试一试。虽然因他们的力量有限，不一定能制出像样的石器来，但其中的一些基本知识是知道的。当幼儿们同大人一道围着火堆烤吃兽肉的时候，大人们就会告诉他们有关火的知识，加之他们的亲身经验，使他们知道了火不仅能取暖、烤吃食物，还能抵御野兽，也自然地多少了解一些如何保存火种、如何找寻燃料、如何生火等方面的知识。

在与大人相伴的过程中，原始社会的幼儿有机会较长时间地观看大人们的各种生产活动，如早期即有的狩猎活动，原始社会中期开始出现的制陶活动，种植、养殖活动等。在这些生产活动中，由于耳濡目染，加上大人的讲解，他们对这些与生产活动有关的知识有了粗浅的了解，甚至还能在大人教导下开展一些初步的模仿性、演练性的活动，如简单的种植、养殖活动等，这为他们日后真正掌握这些知识与技能奠定了基础。

原始社会时期，人类的生产和生活都是集体性的，为了维系集体的生存、延续和使各种活动能顺利开展，必然要逐步形成一系列的社会行为规范，以规范每一个社会成员甚至包括幼儿的行为。只有这样，才能调节各个集体成员之间的关系，化解各成员之间的矛盾，使各个成员相互亲近、团结一致，从而增强群体与自然抗争、与其他群体竞争的实力。这些行为规范很多，包括如何对待集体，如何对待群体中的各种人，如何对待劳动等。在原始社会末期，有专门的"五教"规定如何处理人与人之间的关系。据古籍记载，舜曾命令契做司徒之官，"敬敷五教"。这五教就是父义、母慈、兄友、弟恭、子孝五个方面的道德规范教育。当然，这五种道德规范同其他很多规范一样，是逐步形成的，有些是在原始社会的早期就形成了。在这些行为规范的形成过程中，逐步形成了共同的风俗习惯。通过这些风俗习惯，对每个社会成员施加影响，并制约每一个社会成员的思想与行为。幼儿刚一出生，就受到各种风俗习惯的包围，加上成人们有意识的教育，使他们逐步受到了一些基本的行为规范或风俗习惯的熏陶，从而了解了一些基本的规范，养成了一些基本的习惯。

从仰韶文化算起，我国文字已有6000多年的历史。在此后的山东大汶

仰韶文化遗址

口文化、上海的良渚文化等文化遗址中，也发现了较为规整的原始文字。在山东邹平的龙山文化遗址中，还发现了距今4200年左右的比较成熟的文字。这就是说，到了原始社会末期，我国就已经发明了比较成熟的文字。在当时，文字的使用已经开始普及。学习这些文字，主要是那些有学习条件的、年龄较长的儿童。但也不排除在原始社会末期，有少数幼儿已经在开始学习文字。

在原始社会末期，由于各部落之间的战争频繁不断，作战武器的种类也日益繁多。当时的兵器，见于史籍的已有弓、弩、戈、矛、戟等，这些也多为考古发掘所证实。从当时战争的规模和兵器的水平，不仅可以断定对年轻一代进行军事教练为必需，也可以想见军事教练的基本内容。对于这些，当时的幼儿也可能有所接触。解放前，我国某些处于原始社会阶段的民族，如鄂温克族，其幼儿（男孩）在5~6岁的时候就要用特制的弓箭练习射箭。可以想见，原始社会末期的幼儿也会练习使用弓箭乃至其他武器，如玩耍木刀、木矛等。

在夏、商、西周、春秋战国时，贵族女子的家教都是母亲和保姆负责的。一般贫贱之家的子弟更无专任教师和专门的教育机构，只有接受家教以及一般的社会教育。

 ### 3. 夏商西周春秋战国的蒙学教育的内容

在夏商西周春秋战国时期，由于社会的大分工和阶级的分化，蒙养的教育内容也依父母的阶级地位和社会分工的不同而有所分化。对于从事体力劳动的贫贱阶级的子女来说，他们只有在家庭中和一般的活动中多少接受一点劳动教育和他们所应遵守的行为规范教育。富贵阶级的女性幼儿从小就要在母亲和傅姆或保姆的指导下学习妇学，即接受妇德、妇言、妇容、妇功方面的教育。妇德为贞顺听从、妇言为言辞谨慎、妇容为容貌媚顺、妇功为丝织针线。富贵阶级的男性幼儿则开始接受初步的六艺教育。

除六艺启蒙教育外，幼儿还要接受如何用手和清洁卫生这些基本生活常识的教育。此外，当时的幼儿还有可能接受法律知识教育，如古籍记载："今秦妇人婴儿皆言商君之法。"说明秦国的幼儿也接受了一些法律教育。

当时的幼儿虽然有可能接受多方面的教育，但其核心为长幼之道。古籍载："故学之为父子焉，学之为君臣焉，学之为长幼焉，父子、君臣、长幼之道得而国治。"这说明当时的统治者很看重"长幼之道"的作用，因而"长幼之道"是各种蒙养教育内容的核心。

高凤流麦

　　后汉时，南阳有一位书生名叫高凤。高凤年轻时，家里是靠种地为生的，他却偏偏对读书感兴趣，夜以继日地苦读诗书。有一次，高凤的妻子下地干活了，庭院里正晾晒着小麦。为了防止鸡、猪糟蹋粮食，妻子让高凤在家看护。突然，一阵暴雨袭来，而此时的高凤仍手持赶鸡的竹竿在屋里诵读经书，根本没发觉雨水已将庭院中的小麦全都冲跑了。一会儿，高凤的妻子急匆匆地从地里赶了回来，他却仍悄然不知，仍在书中神游。在妻子的责问声中，高凤才恍如从梦中醒来。后来，人们便用"流麦"、"中庭麦"等形容读书专心，用"流麦士"形容书呆子。

第二节
汉魏六朝家庭教育与蒙学教育

汉魏六朝家庭教育概述

　　自秦始皇统一中国后，中国古代社会就开始了它漫长的封建社会发展史。秦王朝的国运不长，而且秦王朝推行"以法为教"、"以吏为师"的文教政策，所以在家庭教育方面没有什么建树。自汉王朝取代秦朝成为新的统一国家后，社会的持久安定，加上长期推行"独尊儒术"的文教政策，注重以三纲五常之教统治人们思想和以孝道之教稳定家庭与社会的伦理道德关系，所以家庭教育得到迅速发展，并且日渐形成了它的特色。

魏晋南北朝时期，除了继续推行以经学为主要内容的家教外，由于统治阶级和一些知识分子的提倡，玄学、佛学、史学以及一些自然科学技艺及生产技艺等，也进入了不同阶层的家庭教育范围。总体说来，魏晋南北朝时期，由于战乱频仍，社会动荡不安，家庭的生产与生活也缺乏稳定性，所以这一时期的家庭教育与汉代相比，相差甚远。尤其是统治阶层受"九品中正"制取士制度的影响，豪门士族的子孙天生就是"上三品"的高官世袭者，而寒门士族的子孙即使学富五车也难以入上品，至于平民百姓的子孙就更不在话下，由此所造成的"读书无用"的观念也渗透到不同阶级和阶层的家庭教育实践中，造成诗书教育日渐衰落的局面。

汉魏六朝的家庭教育，尽管有由盛转衰的趋向，但是由于封建社会制度和家庭制度不断发展和完善，所以家庭教育的阶级性和等级性也日益明显起来，形成了以皇家宗室为主体的贵族家庭教育，以及在职文官为代表的官宦家庭教育和广大生活在社会底层的平民家庭教育的家教制度。这三类家庭教育，一直沿续和发展到清末，在客观上对我国封建社会政治、道德、家庭乃至社会秩序等，都产生了深刻的影响。

以培养储君为目的的皇家教育备受统治者重视，乃至成为国家政治的一件大事。皇家的家教具有特权性，在措施上：一是尽一切努力把全国图书搜集在皇家图书馆，垄断文化以作为皇家宗室的教材；二是收买天下第一流的学者充任宫廷教师；三是建立一整套宫廷教师制度和完备的教学制度。

为了造就子孙的德才学识，官宦之家的家教的教学内容主要是为官之道，所以十分强调儒家经典的学习。自汉代推行以经术取士和任官的政策以来，经艺在官宦之家的家教中占有十分重要的地位。官宦之家的子弟自小就学习《礼》、《乐》、《诗》、《书》、《春秋》、《论语》和《孝经》等，其家庭教师大多是当地的名儒。除此之外，部分官宦子弟或外出从师，或跟随父兄习业。

平民之家的家教，各因经济条件和文化环境的不同而有所区别，富商大户或从事教育职业的文人之家，一般是注重儒术教育的，他们希冀其子弟通过读"圣贤书"而成为做官人。但绝大多数平民百姓之家的家教的主要内容是传授社会生活知识和生产技能，道德教育则主要以孝悌为主。

崇尚经学的家教

我国古代的统治者，为了保障官僚队伍的素质，除了设立学校训练和培养"国子"外，对官僚之家的子孙教育也很重视。在西周时期，国学为贵族子弟开设，学在官府，贵族子弟所学无非"礼、乐、射、御、书、数"六艺。但为了确保国家官吏，即那些作为奴仆性质的职官后继有人，当时也采取了"宦学事师"制度。这一制度的性质和形式是"政教合一"的，即求学者唯在入仕途之后，就学于官府，边做官边学，向经验丰富的官吏学习为官之道。春秋战国时期，"政教分离"，私学教育以培养"为政之士"为对象，所以官吏的教育下移到民间。秦代禁私学，使官吏的培养与训练由民间私学又归入朝廷，推行"以法为教"、"以吏为师"的吏师制度。汉代大力发展文教，兴办国家教育，提倡私学，同时也保留了"宦学事师"的传统，如王充在《论衡·程材》记载："文吏，朝廷之人也。幼为干吏，以朝廷为田亩，以刀笔为耒耜，以文书为农业。"官府注意录用熟悉吏事的"学僮"，于是一些士人的家教"好仕学宦，用吏为绳表"。一般说来，汉代的宦学是文武分途，武以习武将兵之道为主要内容，而文则要求学习"史书"，学习儒经和明习法令以及为吏之道等。

汉代自实行"独尊儒术"和以经术取士之后，仕宦之家的家庭教育日益摒弃杂家学说而崇尚经学。这一局面的形式受当时的私学教学风的影响很大。

汉代仕宦之家的家庭教育分为初、中、高三种程度。初等程度的教育是启蒙教育，主要在"家馆"进行。家馆类似于后世的私塾，它是由仕宦之家设立的，聘请书师来家教授本家和本族的适龄入学的儿童。学习内容主要有《苍颉》、《凡将》、《急就》、《元尚》诸篇，目的是学习识字和习字。中等程度是诵读经书，主要有《孝经》、《论语》、《易》、《尚书》、《诗》等。高级阶段的学习是专经研习。汉代专经研习之风盛行，当时流传有"遗子黄金满篇，不如教子一经"的说法。因为只要能精通一经，即可飞黄腾达，得到高官厚禄。当然，要精通一经也不是件容易的事。当时读书人很多，各家各派对儒家经典的微言大义都有不同的见解，形成了学派林立的"师法"和"家法"。

此外，经学中还有古今文经的经学纷争。所以，仕宦之家的家教一般都要聘请对经学有相当造诣的人为师。如果请不到经学大师，就让自己的孩子出门拜访名师，以就其学。汉代的硕学鸿儒甚多，一般不在仕宦之家当少数学生的家庭教师，而是自立"精舍"教授，往往门徒千数，多者达万人之众。

总之，汉代的仕宦之家的家教开始兴盛，一方面来自求官的动力，因为注重家教是保持后代为官的途径；另一方面与汉代推行以经术取士的制度有关。

世代家传的家学

中国封建社会的仕宦之家，素有"书香门第"之称，即使不能世代为官，但却不失为缙绅之士。不论仕宦之家是否能以高官厚禄显达于世，大都有世代家传的家学教育。武官有其超群的武艺，有的在某一武艺方面形成有独特的门派，或者是某一绝艺，作为入仕进身、建功立业的本钱，这些绝艺是不会轻易传授给别人的。文官也是这样，自汉代以来，如精通某一经术，或者在文学、史学、天文、历算、医学等某一方面有绝艺，就视作"传家宝"，世代相传。

魏晋南北朝时期，由于经学受到玄学的冲击，加上国家推行九品中正制的取士制度，所以经学在仕宦之家的家学教育中，其地位也有所动摇。尽管豪门士族的子弟可以凭门第入仕，但并不等于说仕宦之家就可以不要家学了。恰恰相反，在魏晋南北朝时期，由于学校教育时兴时衰，仕宦之家要想保持士族世袭，就不得不加强家庭教育。不过，这一时期的家教与只注重儒家经典的汉代家教已有很大不同，开始广泛涉猎老庄、玄学、史学、天文、算术等。如在士族豪门之家崇尚玄学，玄学遂成为官僚的家学；时风兴盛文学，故仕宦之家的家教注重诗歌文赋；社会审美意识兴起，书法作为审美艺术也在仕宦之家的家教中占有重要地位。为官自有为官之道，世代为官的家庭和家族是积累了丰富经验的，如果上升到理论就可能成为一门"学问"，仕宦之家对这种学问的保密工作十分重视。并且，中国古代，仕宦之家对这门家学也十分重视，对于在官场上如何做人，如何避祸，如何夤缘，如何与同僚和上司处好关系等为官术，许多仕宦之家研习得炉火纯青，世代相传，成为价值连城的珍宝。

总之，传授为官之道是仕宦之家家教的核心。尽管它们也涉及而且往往把文化学术作为教学内容，但其目的不在发展学术本身，而是把这些东西作为入仕和晋升的利器。

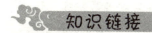

颜之推及其《颜氏家训》

《颜氏家训》是我国古代公元 6 世纪后期出现的一部有关士大夫家庭的家教经典。它上承汉魏六朝以来的"诫子书"、"家诫"的遗风，下开唐、宋、元、明、清诸朝士大夫之家家训的先河，在我国古代仕宦之家的家庭教育史上独树一帜，占有十分重要的地位。

《颜氏家训》的作者颜之推（531—约 595 年），字介，梁朝建业（今江苏南京）人，祖籍山东临沂。他自称"生于乱世，长于戎马，流离播越，闻见已多"（《颜氏家训·慕贤》）。颜之推出身于士族之家，世代为官，深受传统儒学的影响，不仅从小接受了世传《周官》、《左氏春秋》等儒家经典的教育，而且喜欢博览群书。他从 19 岁开始入梁为官，后来又为北齐政权效力，曾主编了《修文殿御览》、《续文章流别》、《文林馆诗府》等书。577 年，北齐为北周所灭，他被征用为北周的御史上士。581 年，隋又取代了北周，他又被隋朝召为学士。他所处的时代，正是封建士族门阀制度由顶峰转向没落的时期，也是中国社会由南北朝分裂而趋向重新统一的时期。此时士族势力日益腐败，九品中正即将瓦解。颜之推身处乱世，准确地预见到一个由中小地主阶层登上政治舞台和以科举考试取士的量才授官的新制度时代即将到来，他希望自己的后代能够世承儒学家教传统，以确保自己家族的长远富贵，世代为官，于是在晚年著成《颜氏家训》一书。

颜之推亲身经历了战乱，当过西魏政权的俘虏，同时也目睹了许多仕宦之家的悲惨下场。他告诫自家子弟，在动乱年代，更要学艺读书。他说："有学艺者，触地而安。自荒乱以来，诸见俘虏，虽百世小人，知读《论语》、《孝经》者，尚为人师；虽千载冠冕，不晓书记者，莫不耕田养马。"

（《颜氏家训·勉学》）他认为，士大夫之家若能常存诗书百卷，注重家教，则永远不会沦落为下等人。而自魏晋以来，豪门士族只以门第即可入仕为官，养尊处优，饱食终日，无所用心，以此耗费光阴。有的因家世余荫，得个一官半职，便十分满足，全忘修学。这样的人在社会安定之时尚可悠闲自得，但一到战乱和朝代更迭之时，便会身不保命，家破人亡。因此，颜之推认为，仕宦之家应当居安思危，学艺保身。学艺的主要途径是读书，熟读儒家的"五经"，可以获得立身处世的道理和方法。同时除了研习"五经"之外，还应兼及百家之书，从百家之书中获得对书、数、医、画、射等"百艺"的了解。颜之推认为，国家之臣不外乎六种，即朝廷之臣、文史之臣、军旅之臣、蕃屏（保卫）之臣、使命（外交）之臣、兴造（土木建筑）之臣。这六类官吏都应有专才专艺的教育，然后方能专精一职，否则遇有国家大事，议论得失，便会不知所措，无从下手。关于专才专艺的教育，颜之推认为，仕宦之家应当打破门第之见，走出高墙大院，让贵胄子弟接触下层社会的农工商贾，广泛地学习他们的经验和技艺。在他看来，历史上有所作为的布衣卿相，因为来自民间，了解民间疾苦，知道稼穑艰难，所以能够表现出超出常人的佐时治国的才能。相反，士大夫子弟因"耻涉农商，羞务工伎，射则不能穿札，笔则才记姓名，饱食醉酒"，像这样几近废物的人怎么能不在动乱年代家道败落，而只能去耕田养牛呢？

在《颜氏家训·教子》中，颜之推提出了早期教育的主张。他认为，儿童的早期教育应在婴幼儿时就及早开始，少成若天性，习惯成自然。如果等到孩子的性格已经形成，再去施教就困难多了。他要求仕宦之家不要溺爱孩子，也不要用粗暴的手段来管制他们，这样的结果不仅会使父母丧失威信，也很难取得什么教育效果。仕宦之家的父母应当严慈结合，这样子女才会即畏且孝。同时，父母应当根据自己孩子的年龄和天赋，因材施教，如在儿童时期要注意学好语言，讲标准话，讲文明礼貌的话，长辈要做子女的示范，一切脏秽之词和粗暴无礼之言禁绝不讲。孩子渐大之后，要教以诗书，学以才艺，养以道德。

秦汉蒙学教育教师与机构

1. 秦汉时期皇宫的蒙学教育

秦时，蒙学教育已获得较大发展，富贵之家多请专职教师对其幼儿进行教育。其中，封建帝王对皇族子孙的早期教育十分重视，还没有专门的教保人员。秦始皇建立帝制后，就将先秦时期教育太子的师和傅都规定为国家官吏，并赋予重大责任。此外，据《汉书·百官公卿表》记载，秦代还设有詹事、中庶子及洗马等师保官。

汉高祖刘邦塑像

汉代建立之初，刘邦便请博士叔孙通兼太子太傅，又请张良兼太子少傅。但这时的师傅之职还不是正式的官位。保傅官职的制度化，是从汉高吕雉后执政以后逐渐完成的。太傅一职，汉高后元年（公元前187年）正式设置，并授金印紫绶，后废，汉高后八年（公元前180年）复设，后又废，汉哀帝元寿二年（公元前1年）重新设置。太师、太保二职，汉平帝元始元年（公元1年）正式设置并确定为官职，也授金印紫绶，并确定太师在太傅之上、太傅在太保之上。汉代还设有太子太傅、太子少傅及师保属官。东汉太子师保官职大体如西汉，所不同的是专由太傅负责教育太子，而由少傅主持太子宫中职事。汉代除皇宫外，郡国诸王也设有师保之官，如贾谊就曾做过长沙王太傅、梁怀王太傅。从总体而言，西汉选择的师、保、傅多为名师硕儒，如叔孙通、张良、晁错、夏侯胜、丙吉、匡衡等名师均做过皇子的幼儿教师。

与先秦时期基本相同，秦汉时期的师、保、傅的职责是从小对太子的道德品行、知识、身体等方面进行培养教育，同时还有在政治上承担保护太子合法继承权的责任，并参与国政。

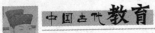

 2. 秦汉时期的蒙学教育机构

现在已经很难考证秦代是否设有蒙学教育机构。但到汉代时，有些教育机构兼有幼儿教育任务是确凿无疑的。东汉明帝永平九年（66 年），曾为外戚樊氏、郭氏、阴氏、马氏诸弟子开设学校，置《五经》教师，称为四姓小侯学。史料虽未明确记载这所学校学生的入学年龄，估计其中也有年岁稍长的幼儿。到汉安帝元初六年（119 年），邓太后又为东汉和帝的弟弟济北王、河间王两家族年龄 5 岁以上的男女儿童 40 余人和邓太后近亲子孙 30 余人开办了一所学校，教他们学习经书，并亲自监试，以避免这些贵族子弟因"面墙术学，不识臧否"而招致祸败的危险。当时的 5 岁，实际年龄是不足 4 岁至 4 周岁多一点之间，因而这所学校的主要任务之一是从事幼儿教育。这些教育机构不称为幼稚园或幼儿园，而是名叫书馆或其他名称。但从儿童的入学年龄来看，这些教育机构都具有蒙学教育的性质。当时的蒙学教育要求严格，要进行严格的考试，对有过失的幼儿要实行体罚。如此严格的管理，想来当时的教学制度也较健全，并有一套教学方法，只不过我们现在不得而知罢了。

宗学出现于汉平帝时期，并开始设置宗师以教育宗室子孙。宗学一般未有特别的入学年龄规定，只要有接受能力的都可入学，因而幼儿也有可能进入这种学校学习。

 ## 魏晋南北朝蒙学教育教师与机构

 1. 魏晋南北朝时期皇宫的蒙学教育

魏国是三国时期教育最为发达的国家。对于皇家子弟的教育，魏未设太师，但设有太傅、太保，如魏明帝以太尉钟繇为太傅；魏齐王曹芳即位后，以太尉司马宣王为太傅。甘露元年（256 年），太尉司马孚为太傅；魏陈留王景元四年（263 年），司徒郑冲为太保。魏还设有太子保傅、太子詹事等属官。吴国也设有太傅，如孙亮建兴元年（252 年），以诸葛恪为太傅。同时吴设有太子太傅、少傅。黄龙元年（229 年）设左辅（诸葛恪）、右弼（张休）、辅正（顾谭）、翼正（顾谭）等都尉，为太子四友，还有太子宾客等，另外还诏立都讲祭酒以教授诸子。蜀曾设太傅，刘备做汉中王时，以许靖为太傅，以诸葛亮为太子太傅。

西晋初，设有卫率令、典兵二职，负责教育太子并掌管东宫之事宜。至晋武帝泰始三年（267年）开始设置太子太傅、少傅之官，由二傅主持东宫教育。咸宁元年（275年）始以给事黄门侍郎杨珧为詹事，掌管东宫杂务，二傅便只有教谕之责，而无官属。其后，又取消詹事之职，专设傅保教谕太子。晋惠帝元康元年（291年）又恢复詹事之职。到怀愍之世，整顿官制，设置六傅为

北魏孝文帝

三师三少。"三师"是指太师、太傅、太保，都是上公，在人员的选择上宁缺毋滥。"三少"即少师、少傅、少保。皇族为加强幼儿教育，设有太子少师、太子少傅、太子少保。西晋始设太子少师，协掌辅导太子，官位三品，东晋废。太子少傅，西晋置为太子三少（东宫三少）之一，辅导太子，位在太子少师下、太子少保上，官位三品，东晋仍设。太子少保，位在太子少师、太子少傅之下，其设置、职掌、品秩同太子少师。晋惠帝永康（300年）之后，不再设置詹事之官。

南北朝时，设有太保、太傅、太师，他们都位列三公，但太保位居太师、太傅之下，官位一品；官位太傅一品（梁称十八班），在太师（太宰）下、太保上。北朝魏、齐沿前代官制设有少师、少傅、少保"三少"。北周置为大臣加官，名义崇高，少保在少师、少傅之下。北魏设有太子六傅：太子太师、太保、太傅号称"东宫三师"，太子少师、少保、少傅号称"东宫三少"。同时还设有詹事属官等。北齐设有太子少师，官位三品。南朝不设太子少师、太子少保，仍设有太子少傅，宋三品，梁十五班，陈三品。南朝宋还设太子太傅、太子少傅各1人，丞2人，共同辅导太子。同时宋还设有太子詹事等

官，负责料理东宫事务。齐、梁、陈诸国与宋大体相同。

魏晋南北朝时期，为了提高师傅教育太子的积极性，朝廷强调尊敬师傅之官，以提高教师地位，如晋武帝泰始五年（269年）诏太子拜太傅少傅时便规定二傅可以不行臣属之礼；晋明帝太宁三年（325年）三月立皇子衍为皇太子时，专门下令朝廷议定太子与师傅相见之礼，取消过去师傅拜太子之礼。其后，晋成帝及皇太后都下诏要求尊师重道。晋朝对师保的待遇也很优厚，太子太傅和太子少傅除定秩2000石外，还受赐田产车乘诸物。南北朝时，宋尊太子太傅、太子少傅及詹事为三品正秩。北魏尊师之礼更重，以太师、太保、太傅为一品正秩，"东宫三师"为二品官秩，"东宫三少"为三品官秩，左右詹事为三品官秩。

由于师、保、傅的品位尊贵，待遇优厚，因而士族豪门权贵竞相争夺，反而不利于太子的教育。于是西晋著名学者阎缵提出师傅之官应"皆选寒门孤宦以学行自立者，及取服勤更事，涉履艰难，事君事亲，名行素闻者"担任；北魏著名历史学家李彪（442—500年）主张师傅应选"孝悌博闻有道术者"以及"天下之贤才"担任，这些见解都有着积极的意义。

 2. 魏晋南北朝时期的蒙学教育机构

三国时，魏、蜀、吴三国是否设有专门的幼儿教育机构，至今尚无证可考。

东晋穆帝永和年间（345—356年），征西将军庾亮在武昌创办学校，命令参赞大将子弟全部入学，自己的子弟也令受业。由此可见，武昌官学是允许幼儿入学的。

北魏孝文帝时，有一位名叫祖莹的人，年8岁时，能诵《诗》、《书》，名气很大，被世人称为"圣小儿"。当时中书博士张天龙讲《尚书》，祖莹被选为都讲。学生已到齐，而祖莹因读书到深夜，起来很晚，仓促之间把同房学生李孝怡的《曲礼》拿来入座。把《曲礼》书放在面前，背了《尚书》三篇，一字不漏。讲完后，李孝怡很奇怪，向博士们说明情况，举座皆惊。祖莹8岁为都讲，即相当于今天的助教，在学习的同时也要讲课。可见他入学时是幼儿，也可推断当时国子学（中书学）等是可招收少数天资优异的幼儿的。太和九年（485年），文明皇后下令建皇宗之学，以教育皇子皇孙，皇家幼儿自然也可入学。

由上可见，魏晋南北朝时期还没有专门的幼儿教育机构，当时的幼儿教育机构主要是附属于初等、中等程度的各类学校的。而初等、中等程度的各类学校是在学制不健全或其他特定的条件下才兼招少量幼儿的。

魏晋时期的门阀家学

　　门阀家学大体为门阀政治的产物，而家学本身又有其独特的历史渊源。门阀家学与家学的合流，起始于汉末，成形于魏晋，至南北六朝则趋于鼎盛，并渐次衰落。

　　汉末的儒学高门在魏晋之初大多都成为世家大族，故其家学世业，与此也有血脉承传的联系，如西晋颍川荀氏，其家学世传，上承汉末大儒荀爽，子孙世传学业，为西晋儒学高门。汉末大儒范阳卢植，其后代以儒学标榜门户，其孙卢钦为西晋名儒，直至北魏，范阳卢氏仍为当世儒学大族。此外，如东海王氏、河东卫氏、颍川钟氏、清河崔氏、博陵崔氏，均为汉末以来世以儒业显贵的门阀大族。其中，东海王氏家学流布最为深远，直到南朝梁世，仍为最显贵的门阀大族。除此之外，起家于东汉末年的泰山羊氏；起家于魏晋之际的阳夏谢氏、颍川庾氏、河东裴氏，均以儒学高门传世，前后达数百年之久。

　　门阀家学的存在，旨在维系家族的世代特权和优越的文化地位。其对学术文化的世袭垄断，不利于学术的发展和更新，并且不利于学术文化在社会范围内的广泛传布。同时，门阀家族文化的封闭性、萎缩性，也是造成学术流派之间的排他性及门户之见的重要原因。这一点，既加重了中国封建文化固有的传统弊症，又是这种弊症在魏晋南北朝时期的特殊表现形式。不过，借助血缘的纽带来延续学术文化的生存，并利用家族血缘的网络来构筑某种封闭性的文化堡垒，正与封建的家族政治相适应，并且是在动乱之中，利用家族的权力及稳定性，保护和延续学术文化的有效手段。而一旦经历了动乱之后，门阀家族的特权削弱、家族的观念淡薄，便出现了有利于学术文化自由发展和生存的社会环境。在乱世之中一度仰赖门阀家学保存的学术文化，则成为全社会范围内学术文化全面升华、融合的重要源泉。

　　魏晋南北朝时期的门阀家学便是经历了上述过程发展而来的。在历经治乱更替的几百年中，旧的世族集团在乱世之中衰落，一旦政局初见平宁，又

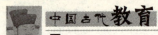

在旧的废墟中滋生出新的世族集团，而旧世族或在动乱中绝户，或者重振门户。门阀家学也相应地发生着类似的变化，一些旧的门阀家学衰落了，甚至绝传了，而新的门阀家学又滋生出来。在这种新旧兴废更替的过程中，门阀家学经受了社会风雨的洗炼，社会化的因素不断扩大，并最终演化成为社会大文化的有机成分之一，而将家族文化与社会文化分离开来的那种血缘性隔膜，也日渐融化。

到了南北朝末期，门阀家学渐趋衰落，但其根砥虽败，学业犹存，并逐步与官学及社会范围内的私学合流，成为集大成之学的隋唐文化教育的重要源泉之一。

第三节
唐宋家庭教育与蒙学教育

唐宋时期家庭教育的特点

隋朝虽然国运不长，但它结束了南北朝的分裂局面，使得全国统一和文化繁荣的景象开始出现。唐代继隋朝之后，在文化上有很多开拓和创新，如，完成自汉以来的儒家经学的总结，大力发展学校教育，推行以科举考试取士的选士制度等，从而促进了整个社会重视教育风气的形成，一批又一批的庶族地主通过教育和科举的途径登上了政治舞台，出现了"读书做官热"。宋代沿袭隋唐的科举取士制度，而且特别注重文化与教育，由此在整个社会，自皇室宗亲贵族阶级至官僚阶层和广大平民之家，都把家庭教育作为政治活动和家庭生活中的一件大事。

知识链接

凿壁偷光

"凿壁偷光"这一成语出自古代一个令人敬佩的勤学典故。据《西京杂记》中说:"匡衡,字稚圭,勤学而无烛。邻居有烛而不逮,衡乃穿壁引其光,以书映光而读之。"这段话的意思是说,西汉经学家匡衡在少年时候十分勤奋好学,但因家中贫困,无钱买蜡烛。他见邻居家中有烛光,就在自家的墙壁上凿了一个洞,借助洞中透过来的光去读书。书中还记述说:"邑人大姓文不识,家富多书,衡乃与其佣作,而不求偿。主人怪,问衡,衡曰:'愿得主人书遍读之。'主人感叹,资给以书,遂成大学。"这段话的大意是,到青年时候,匡衡自愿到有许多书籍的富裕人家去做佣人,却不要任何报酬。主人感到很奇怪,就问他原因。他说:"只要能遍读你家的藏书就行了。"主人被他的好学精神所感动,就将家中藏书全部借给他研读。后来匡衡终于成为一个大学问家,还在汉元帝时担任了丞相。

概括说来,唐宋时期的家教有以下几个明显的特点:

第一,从皇家的家教来看,在唐朝时期,皇家教育开始形成独立而完整的学校体系。如隋代最早在东宫设置"门下坊"和"典书坊"。门下坊设左庶子、内舍人和录事诸官,典书坊也设庶子、舍人、洗马诸官,这些官员主要从事皇太子的文化与道德教育。唐代除三公、三少外,还设有太子宾客,并设置詹事府,统管东宫政教,詹事府内设左右谕德官专门讽谕规谏皇太子。唐代将隋代的门下坊改为左春坊,典书坊改为右春坊,在贞观年间又专为皇太子设置崇文馆,设学士官,并建有东宫图书馆,所藏大量图书为"秘书",专供皇室子弟教育使用。宋代为了加强皇太子的教育,增设詹事讲读官、太子侍读、太子侍讲官等,并设置资善堂为皇太子及其他诸王子的肄业之所。资善堂的教官有翊善、赞读、直讲、说书等。南宋初还在东宫门内建有书院,因为书院是民间兴起的文教机构,不能体现皇家教育的特殊性,所以后来又弃书院之名改为"学新堂"。

第二，由于科举制度的推行，刺激了广大庶族地主阶层和少数平民之家子第的读书兴趣，促使家庭教育与科举考试紧密结合，"望子成龙"成为家庭教育的动机和目的。在一些仕宦之家，由于从家教成就中获得了切实的利益，于是延师教子的风气常盛不衰。一些富家大户人家，也纷纷兴办"家塾"，或者联合数家或一族，建立私塾性质的学校，延聘当地或外地的名师任教。这样，家庭教育也日益与学校教育联系起来，甚至出现了家庭教育学校化的倾向。

第三，封建纲常的礼教在家庭教育中占有重要位置。礼教，在汉代就以三纲五常的具体内容和形式出现，并贯彻在各类学校教育中。唐代以后，特别是宋代理学家把"礼"解释为与"人欲"对立的"天理"以后，礼教不仅有了成套的理论和实践要求，而且随着家庭教育的学校化，日渐渗透到家庭教育的实际活动中。在唐代和宋代，《家范》、《家规》、《治家格言》之类的礼教内容，开始丰富和完善起来，它在很大程度上影响了封建社会后期家风的形成。

唐宋时期的蒙学教材

我国古代不仅注重家庭教育，而且十分重视家教教材的编写。由于家庭教育要以识字启蒙教育为基础，所以蒙家教材的编写就显得尤其重要。

纵观中国古代家庭教育发展的历史，自西周或者更早的时期，统治阶级就开始着手家教教材的编写。至于蒙学教材的编写，先秦时期就很重视，但流传下来的不多。汉魏六朝时期，蒙学教材的编写和应用比较普遍，积累了不少经验。唐宋时期，由于家庭教育相当发达，所以蒙学教材的建设也在这一时期获得了很大发展。

概括说来，在唐宋以前编写和被保存下来的蒙学教材有李斯的《苍颉》、赵高的《爰历》，胡母敬的《博

史游《急就篇》

学》，文字多取自《史籀篇》。汉初，将它们合编为平民之家的识字教材，统称为《苍颉篇》。尔后有司马相如的《凡将篇》，史游的《急就篇》，李长的《元尚篇》，扬雄的《训纂篇》，贾鲂的《滂喜篇》，张揖的《埤苍》，蔡邕的《劝学》、《圣皇篇》、《黄初篇》、《女史篇》，班固的《太甲篇》、《在昔篇》，崔瑗的《飞龙篇》，朱育的《幼学》，樊恭的《广苍》，陆机的《吴章》，周兴嗣的《千字文》，束晰的《发蒙记》，顾恺之的《启蒙记》等。这些蒙学教材大多是为了满足皇家和仕宦之家子弟识字教育的需要而编写的，属于所谓的"小学"（即识字）教材。有的在教学过程中不断地被淘汰，有的可能属于皇家所私有或为仕宦之家所家传，所以后世流传于世的只有《急就篇》和《千字文》两篇。其中《千字文》是以出色的编排和王羲之的书法相结合才得以留传下来的，它适应了小学教育的需要。

唐宋以后，由于科举制的推行，平民之家的文化教育兴起，所以蒙学教材的种类由单一的识字课本，逐步拓宽到综合知识型、道德教育型、提高阅读能力型、陶冶儿童性情型等各种门类。

以识字为主的综合知识型的教材有《开蒙要训》、《百家姓》、《三字经》、《对相识字》、《文字蒙求》和"杂字"书等。《开蒙要训》流传于唐朝五代，全书 1400 字，都是用四言韵语依次介绍自然名物、社会名物、衣饰寝处、身体病疾、器物工具等内容。《开蒙要训》多是用生活常用字编写的，大大影响了后世杂字书的编写。《百家姓》是集汉族姓氏为四言韵语的蒙学课本，成书于北宋。《三字经》相传为宋代王应麟所编，后经明清陆续补充，至清初该书收字 1140 个，三字一句地叙述了人生教育的重要、三纲五常十义、五谷六畜、四书五经、历朝吏事，以及历史上勤奋学习而"显亲扬名"的事例等。《三字经》知识广泛，句法灵活，语言通俗，是古代中国蒙学中最著名的家教教材之一，受此影响的有《文字蒙求》，它是清朝教育家王筠从许慎《说文解字》中选辑常用的 2000 余字编成的，并且以汉字造字规律带动识字的教材。《对相识字》是宋末出现的一本图文对照的识字课本。实用的杂字书历代都有，但图文对照，讲究直观教学效果的识字课本，《对相识字》堪为首创。后来，《三字经》、《千家诗》等亦仿照此类，图文并茂。

以封建伦理道德为主的蒙学课本，除了长期使用的《孝经》、《论语》之外，还有唐代佚名者著的《太公家教》，宋代朱熹的《小学》，吕祖谦的《少仪外传》，吕本中的《童蒙训》，程若庸的《性理字训》等。这些蒙学教材对后世有很深远的影响，如明代吕得胜的《小儿语》，吕坤的《续小儿语》，朱升汇编的《小四书》；清代李毓秀的《弟子规》，王相汇编的《女四书》，以及流传的《昔时贤文》、《圣训广谕》等。它们以宣扬"三纲五常"、"三从四德"、"礼义廉耻"等伦理道德为主要内容，这些书有被北方少数民族译成本民族语言使用的，也有流传到日本、朝鲜以及东南亚国家和地区的。

以社会和自然常识为主的蒙学课本也很多。代表作主要有唐代的《兔园册》以及李翰的《蒙求》。《兔园册》相传是唐代虞世南为皇家子弟学习而编，五代时为乡村塾学所广泛采用。《蒙求》亦为唐时的上层统治者家庭教育的教材，全书讲述的多是历史典故，每句四字，上下对偶，各讲一个历史人物或传说人物的故事，如匡衡凿壁，孙敬闭户、孙康映雪、车胤聚萤。宋代以后陆续出现了各种《蒙求》和同类的读本，如《十七史蒙求》、《广蒙求》、《叙古蒙求》、《春秋蒙求》、《历代蒙求》、《名物蒙求》等。明末程登吉原编，清代邹圣脉增补注释的《幼学琼林》，曾在清代风行全国，影响颇为深广。《幼学琼林》简称《幼学》，原名为《幼学须知》、《成语考》和《故事寻源》等。它共 4 卷，按内容分成天文、地理、人事、鸟兽、花木等 30 余种类编排。《幼学》的编写是根植于唐宋时期蒙学课本的基础上的，但其成就超越了唐宋。

以提高阅读能力为目的的趣味读物，有宋代胡继宗的《书言故事》开创先例，后来此类教材大有发展，如元代虞绍的《日记故事》，明代萧良友的《蒙养故事》（后经杨臣诤增订改名为《龙文鞭影》上下卷），清代李晖吉等续编的《龙文鞭影二集》，丁有美的《童蒙观鉴》，此外还有《二十四孝图说》等以封建伦常故事为主的、富有趣味的读本，均先后在平民之家的小学和塾学中使用。

此外，还有用以陶冶儿童性情的诗歌读本。最著名的有《千家诗》和《百家诗》，其主要内容取材于唐宋时人的作品，今仍流行。

隋唐五代蒙学教育的教师与机构

1. 隋唐五代时期皇宫蒙学教育中的教师

隋统一中国后，师保傅之制仍沿袭北齐做法，设太子"三师"以"掌师范训导辅翊皇太子"。同时设"三少"以"掌奉皇太子以观三师之德"。以詹事掌管东宫内外众务，"事无大小皆统之"。

唐代的师保傅制度，对前代传统既有继承又有创新。在东宫设詹事府，统管众务，置左右二春坊以领诸局。除"三师"、"三少"外，于显庆元年（656 年）以太子太傅兼侍中韩瑗、中书令来济、礼部尚书许敬宗、左仆射兼太子少师于志宁并为皇太子宾客，并将太子宾客定为官员。定置四人，掌调护、侍从规谏，以教谕太子。另于贞观年间专设太子学馆即崇文馆，设学士等官，"掌东宫经籍图书，以教授诸生"。这是我国古代典型的为皇太子及皇室子弟设置的教育机构。

五代时期共历时 53 年，由于各代历史甚短，最长的后梁也不过 16 年，最短的后汉仅 3 年。五代时期的师保傅之职大多沿袭唐朝。后梁设有太师、太保、太傅、太子太保、太子太傅等，但多用于加封或追封，无具体实权。后唐设有太师、太保、太子太师、太子少傅、太子少师、太子少保、太子詹事及太子宾客以及太子赞善大夫等，不过三公及太子三少等也多用于加封和追封。有的虽加设置，但由于战争不断，真正对太子进行教谕者不多。后晋、后汉、后周三代也大体如此。总之，五代时期，师保傅职多为虚设，并没有多大的实际作用。

隋唐五代时期，十分重视提高师保傅的地位，特别是唐代尤为明显，如唐代太子三师都由朝廷重臣兼职，官秩从一品，太子少师从二品，太子少保和太子少傅正二品。太子宾客、詹事均为正三品高官。唐太宗时撰有《立师仪注》，要求师傅与太子遵行，以提高师傅地位，让太子尊敬师傅。隋和五代也将三师作为元老重臣加官，礼遇极隆，施用极严。

 2. 隋唐五代时期的蒙学教育机构

隋文帝和隋炀帝都曾下诏在州县设立学校。《隋书·儒林传序》记载当时"京邑达于四方，皆启黉校，齐、鲁、赵、魏学者尤多。负笈追师，不远千里，讲诵之声，道路不绝"。当时幼儿也可入学校接受教育，如薛濬"幼好学，有志行，寻师于长安。时初平江陵，何妥归国，见而异之，授以经业"；卢太翼"七岁诣学，日诵数千言，州里号曰神童"。由此可见当时部分幼儿不仅可入学，而且有的人学习能力还很强。

唐代从中央到地方都设有官办小学，甚至农村的乡、里也不例外，同时政府还鼓励私人办学，因此这一时期私立的小学、蒙学发展很快，这为幼儿

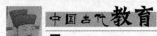
受教育提供了广泛的场所。加上唐实行童子科，更刺激了幼儿求学的决心。唐规定：凡在 10 岁以下能精通一经以及《孝经》、《论语》，包括背诵 10 篇文，全部通过者授予官职，通过 7 篇者授予出身。童子科开始于唐太宗、唐高宗年间（627—655 年），到代宗广德二年（764 年）五月，礼部侍郎杨绾发现童子科有使儿童凭其小聪明而获官的可能，请废童子科，到代宗大历三年（768 年）四月又重新恢复。下诏要求每年都要考选年龄在 10 岁以下，通一经兼《论语》、《孝经》者申送礼部，同明经、举人等一同考试。大历十年五月又敕令童子科宜停。开成二年（837 年）十二月诏各道禁止滥荐童子，虽然有这样的禁令，但以童子为荐者，比比有之，如刘晏"年七岁，举神童，授秘书省正字"。以童子荐举并可授予出身，这促使父母关心幼儿教育，许多父母尽力让幼子入学，实在不能入官学、私学的，便在家中教授。

官学在五代时期大为衰落，当时的蒙学教育主要由私学和家庭承担。当时不少幼儿求学十分勤奋，成才者较多。官学几乎无暇顾及幼儿教育，幼儿所入学校也多为乡村或城镇里巷的蒙学。

由上可见，秦汉至隋唐五代，贵族的蒙学教育很受朝廷重视，朝廷还专门为皇族子孙设置了蒙学教育的职官，特别是晋时形成了"三公"、"三少"制度，使宫廷蒙学教育职官逐渐趋于完备。这些职官除负责贵族幼儿的教育外，还担任着较高的国家官职，对皇子特别是太子幼儿时的教育也担负着管理重任。秦至五代，由官邸之学与地方官学、私塾一起承担着幼儿学校教育的任务，独立的蒙学学校教育机构尚未独立，家庭仍是幼儿接受教育的主要场所。因此，这时在民间没有严格意义的蒙学教育教师，父母等亲人、相关的学校教师等兼任蒙学教育教师的角色。

宋代蒙学教育的深化

宋辽金元时期，人们很重视蒙学教育的地位，朝廷对幼儿教育的地位也十分注重。为了培养好王朝的继承人，朝廷十分注重师保傅制度以及宫廷学校的建设，以便太子及皇族子孙从小就受到良好的教育。同时为了推进社会的发展，十分注重选拔和任用聪慧幼儿。宋朝继承前代传统，特设童子科，以选拔年幼而有才华的儿童。在中选的童子科中，年龄最小的仅 3 岁，如蔡伯俙。宋真宗还有诗云："七闽山水多才俊，三岁奇童出盛时。"宋孝宗时吕嗣兴仅 4 岁就中选,被授予右从政郎等。由于朝廷对幼儿读书的重视,有些人很重视幼儿的早期教育,如宋高宗时饶州便有兄弟童子三对共六人中选,即江安国、江定国、戴松、戴滋、张岩叟、张岩卿。宋孝宗时还出现了一名叫林幼玉的"女神童",背诵经书文字四十三条,全部通过,被封为"孺人"。金朝于金熙宗即位的第二年(1136 年)仿宋制设经童科。

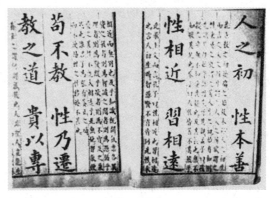

《三字经》

宋辽金时期,由于朝廷对神童选拔比较重视,因而所选神童大都名实相符,中科举的童子,许多人后来都成为国家重臣,如宋代的杨亿、宋授、晏殊、李淑等都成为著名的贤明宰相。辽金两朝的情况也有相似之处,当时的朝廷开设了童子科,对中选幼儿都授予出身或官职,说明政府对幼儿教育是十分看重的。

第四节
元、明、清家庭教育与蒙学教育

元、 明、 清时期的家教特点

元、明、清诸朝,是我国封建社会走向衰落的时期。在这一时期,为了加强思想控制,封建统治阶级在推行残暴的专制统治和经济剥削政策时,大力加强社会基层组织,如保甲、村社等建设,加强家族族权对家庭成员的言

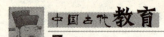
行管教。按照宋明理学家的"齐家"、"治国"思想，把以"修身"为手段的"齐家"家教与国家政治秩序及社会伦理道德秩序的巩固紧密联系起来，形成了元明清时期以"存天理、灭人欲"为核心的禁欲主义家庭教育特色。

社学在元代时期开始建立。所谓社学即以社会基层组织为单位的政教合一组织，它由一定血缘关系的家或家族结合组成，在教育上主要推行封建纲常伦理教化。元代对广大汉族人民实行民族歧视政策，在社学教化中也极力灌输民族歧视意识。在社会教化的影响下，家庭教育受到封建统治阶级的控制，"存天理灭人欲"的禁欲主义道德教育成为家庭教育的主要内容。

明代推行里甲制度，家庭教育也有社会化的特征。明太祖朱元璋大力推行加强族权对广大人民的思想统治的政策，从而使族长、家长成为一家一族总领纲常伦理教育的合法者。而家长或族长依照"家规"、"家法"对家族成员实行严密的思想言行管教，如家族成员中有"违法乱纪"、"犯上作乱"，或在道德行为上有"不轨"之举，或不孝敬父母，或欺慢上司，或不完纳赋税等等，都要受到家族的家规家法的制裁，轻则鞭笞体罚，重则赶出家族或送交官府治罪。明代中叶，社会教化得到加强，如乡约组织、保甲连坐等，都使得家族的家庭教育越来越趋向政治化，"存天理、灭人欲"之教在实质上也不断由理学家倡导的修养德性转化为培养奴性。明中叶以后的理学家，往往是聚合家族推行封建纲常伦理教育的大家长，他们制订了比官府的法律还要苛刻的家规戒律。

清代继承了元明时期的家教传统，更是把家庭教育作为加强封建统治的重要措施。鸦片战争以后，我国封建社会制度和家庭制度开始解体，由此古代的家庭教育开始向近代转化。

以"孝道"立教和 《二十四孝》

中国人重视孝道，这与中国长期以来的宗法政治制度的推行与家国不分的专制统治有直接关系。其次与小农自然经济的生产力不发达、物质生产长期不能满足人们生活需要、老人和小孩全靠成年家庭成员供养也有直接关系。早在孔子时，他就把孝道上升到理论的高度，认为孝不仅是尊长爱幼的人生义务，是伦理道德的核心，而且也是政治道德的根本，是齐家治国平天下的灵魂。继孔子之后，历代统治者及其思想家，极力鼓吹孝道，提倡"以孝治天下"，要求以孝道立教，以培养在家孝敬父母，出门和睦乡里，为官忠于上司乃至天子的"忠臣孝子"。

汉代的儒家们认为，"明子事父之道"是为"教之本"（《礼记·祭统》）。在平民之家，所谓孝道教育，大体上包括如下几个方面：一是要绝对尊敬父亲的家长权威，以家长的意志为意志，以家长的是非观念为准则，以家长的好恶为好恶，子女对家长，包括母亲，要"乐其心不违其志，乐其耳目安其寝处"。"父母之所爱亦爱之，父母之所敬亦敬之"（《礼记·内则》）。二是对父母的话，要绝对奉为真理，必须坚决照办。如果家长有什么明显的过错，应当"下气怡色，柔声以谏"。"谏若不从"，仍然要"起敬起孝"。哪怕是父母不高兴，乃至"挞之流血"，仍不能"疾怨"，不要非议家长，在任何条件下要把美名归之父母，过错永远自己承担。所谓"善则称亲，过则称己"（《韩非子·忠孝》）。三是尽心尽力恭敬侍奉和赡养父母，尽最大努力，乃至牺牲自己和自己的子女，来满足父母的意愿。假如父母生病，子女要昼夜侍奉于床前，汤药要亲口品尝才能给父母喝；如果到夏天或冬天，子女要体恤父母的温暖冷清；如果父母病重，子女要尽可能满足其欲望；如果父母遇有生命危险，子女要舍身相救，乃至为父母替，凡此等等，都必须落实在具体的日常生活之中。四是父母去世了，子女要"三年无改于父之道"，守护坟墓，时常祭祀。家贫子弟，如果家里无力安葬父母，就是把自己卖给富家当奴隶，女儿哪怕是把自己卖给妓院，也要将父母的遗体安葬。

以孝道立教，从根本上来说，是封建统治者大力提倡的结果，在客观上有利于个体家庭的稳定。因为它可以通过家庭孝道的教育，巩固父母与子女的血缘伦理关系，保障人口的繁衍。更因为，家庭的稳定和人口的繁衍，是封建国家赋役制度推行的前提，也是封建专制统治实行的基础。

在中国古代的平民之家，所实施孝道教育的教材比较多，如《孝经》、《礼记》、《家礼》、《弟子规》、《女四书》、《闺训千字文》、《改良女儿经》、《二十四孝》等，历朝历代都有发明。其中《二十四孝》最为典型，在元代以后影响很大。

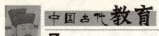

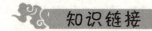

《二十四孝》

　　《二十四孝》始成于元代，它选自虞、周、汉、魏、晋、唐、宋等各个朝代的孝子24人，都具有广泛的代表性。这些孝子，上至帝王，中有公卿大夫、仕宦名臣，下至平民百姓，其中平民百姓人数居多。孝子的年龄从年逾70的老人，到刚懂事的儿童，性别上有男也有女。所选孝子的事迹十分典型。

陈宏谋与 《五种遗规》

　　《五种遗规》是我国古代仕宦之家家教的重要教材之一，由清代陈宏谋编纂而成。《五种遗规》是一部家教的汇编本，它由《养正遗规》、《教女遗规》、《训俗遗规》、《从政遗规》、《在官法戒录》五部分组成，取材于自汉迄清约80位名臣学者的有关著述，其中宋和明清之作居多，内容包括启蒙、养性、教女、修身、治家、处世、居官、读书、交友以及其他方面的为官之道等。《五种遗规》自问世之后，在封建士大夫之家广为传习，清末还被作为教材。

　　《养正遗规》是针对当时世俗追慕科举功名和不务求实的风气而编纂的。它主要讲养性、修身、儿童启蒙教育、读书目的、学习方法和态度等。意思是使仕宦之家的家教"蒙以养正"。《养正遗规》把朱熹《白鹿洞书院揭示》列为首篇，编者陈宏谋加以按语说："特编此为开宗第一义，使为父兄者，共明乎此，则教子弟，得所响应。自孩提以来，就其所知爱亲敬长，告以此为人之始，即为学之基。切勿以世俗读书取科名之说，汩乱其良知。"意思是说，读书要以"明人伦"为基础，着重于孩子的道德人格培养，要先学做人，读书的目的也在于造就人的德性，而不是为了猎取科举功名。《养正遗规》最早的版本是清乾隆四年（1739 年）刊刻的。

《教女遗规》是有关女子教育的教材。陈宏谋反对历代忽视女子教育的做法，认为女子也是可教育的人，尽管她们自离襁褓，养护于深闺，不像男子那样可以出外就傅，有学习与深造机会，但是视女子为不必教，则是十分荒诞的。他以为，如果平时父母在以爱心关怀的同时，加以"格言至论、可法可戒之事，日陈于前，使之观感而效法"，是有养"德性之助"的。所以他"采古今教女之书及凡有关女德者，裒集成编。事取其平易而近人，理取其显浅而易晓，盖欲世人之有以教其子而更有以教其女也"（《培远堂偶存稿·教女遗规序》）。陈宏谋重视女子教育的理由是：母亲本身有教育子女的义务，"有贤母然后有贤子孙"；妻子有劝谏丈夫的作用，"王化始于闺门"，贤妻知书达理，丈夫在外为官就会廉洁清正，这于国于家都是有益的。《教女遗规》收辑的内容有贞妇、烈女、贤母、贤妻、闺范、母训等，主要是宣扬封建女德。该书在乾隆七年（1742 年）编成并刊行于世，影响很大。

《训俗遗规》亦成书于乾隆七年（1742 年），内容比较庞杂，王守仁的《告谕》等收录其中。该书汇集了古今具有代表性的乡约、宗约、会规，也有大量的关于如何训子、如何驭使家奴的经验之谈，以及治家格言、名人遗嘱等内容。这本书是编给士大夫子弟及在职地方官员阅读的，旨在使他们知道天下的政治，在于以礼义移风易俗，使乡里宗族之间的矛盾冲突和"犯上作乱"的行为，消除在未然状态。他说，如果有贤明的官员拿这本书去化导民众，则民众莫不趋善而归化，地方政治自然会有条不紊，秩序井然。

《从政遗规》的成书也在乾隆七年，主要是为做官的人选辑一些可以当作座右铭的箴规和应当仿效的表率人物的言行，诸如怎样识别官吏好坏，怎样居官谨俭廉公，怎样审理公务不犯错误，怎样动用刑罚才算适当，怎样自省自诚和提高从

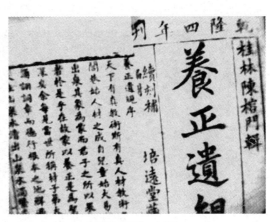

《养正遗规》内页

政素质及个人道德水平等。陈宏谋认为，要改变官场的腐败，使政通人和，关键在于吏治的整顿。而吏治的整饬，不能单靠刑罚手段，而应当教育从政官员按照古训以及历代清廉正直并多有政绩的表率名臣的言行，约束自己，以尽治人之责。因此，他主张不仅在职官员要认真学习，身体力行，而且仕宦之家更应当把《从政遗规》作为家教的内容，使其官僚子弟在入仕之前就受到合格的官员素养训练。

《在官法戒录》成书于乾隆八年（1743 年）四月。主要是为在官府衙门任职的胥吏编写的。陈宏谋有鉴于我国历代的官僚政治制度存在"官暂吏久"的现象，提出要加强衙门办事的胥吏的教育。他认为，地方官由朝廷任派，任期一到即被调走，可是在州县衙门的胥吏（相当于今天的机关工作人员）却长期在衙门供职，他们的好坏优劣，直接影响政绩风尚，也直接影响老百姓对政府的人心向背，所以对他们的教育也不可忽视。《在官法戒录》一书，采辑史书中所载的良吏善行和恶吏劣迹种种，并加以评论，目的是让胥吏见善者效法，见恶者引以自戒。同时还主张教导胥吏多读书识字，粗知义理，以前人为鉴，明白利害，加强自我修养。

明代教育机构的幼教功能

明代时，中央官学的国子学曾向幼儿开放。洪武元年（1368 年），明太祖朱元璋下令叫刚继承爵位的年幼的郑国公常茂、蕲春侯康铎等入大本堂读书。洪武五年（1372 年），朱元璋又下令让年幼的刚袭爵位的公、侯、伯及

私塾

武官子弟都入国子学接受教育。俞汝楫《礼部志稿》中也提到，当时文武官员的子弟由于年幼骄逸，承袭爵位后多不称职，于是皇上便下令叫这些年幼子弟都进国子监读书。景泰三年（1452 年），国子监祭酒刘铉曾说：国子监学生，应由乡

选岁贡而产生，但现在因感念那些为朝廷死去的有功之臣，皇上特意下令允许那些死去的功臣的一名儿子到国子监读书，这样一来，常常有刚离开襁褓的幼儿入学。但他们连洒扫应对之事都不知道，又怎么谈得上教给他们修身、齐家、治国、平天下的事呢？后来改为将这些幼儿暂时遣回家去学习，等年龄稍大一些，再到国子监来读书。于是礼部奏准，凡年龄在15岁以上的仍留在国子监肄业，15岁以下的遣回家中。这也说明，在此之前，国子监曾收教刚离开襁褓的幼儿。

知识链接

芦衣顺母

闵损，字子骞，春秋时期鲁国人。他是孔子的弟子，在孔门中，德行堪与颜渊并称。孔子曾赞扬他说："孝哉，闵子骞！"（《论语·先进》）。闵损的生母死得早，他的父亲娶了后妻，又生了两个儿子。继母经常虐待他。冬天，两个弟弟穿着厚厚的冬衣，却给他穿用芦花做的"冬衣"。一天，父亲出门，闵损牵车时因寒冷打颤，不慎将绳子掉落地上，遭到父亲的斥责和鞭打，芦花随着打破的衣缝飞了出来，这时父亲才知道闵损受到了虐待。回家后，父亲立即便要休逐后妻，闵损跪求父亲饶恕继母，说："留下母亲只是我一个人受冷，休了母亲后三个孩子都要挨冻。"父亲听了十分感动，就答应了他。继母听说后，十分悔恨，从此对待他如亲生儿子一样。

明英宗正统年间（1436—1449年），在两京建设立了武学，用来培养各袭位的年幼官员或还未袭位的年幼子弟，武学配有教师和训导人员，均仿照京府的儒学体制办理，这便是武学向幼儿开放之始。正德五年（1510年），题准公侯伯应该继承爵位的子孙送到武学接受教育的，今后仍让他们各拜访保门馆，以便增长他们的武技。在承袭爵位之后，年幼的送到国子监读书。正德十四年（1519年）规定，凡世子、众子、长子、将军中尉等年龄不到弱冠的，应由吏部选取学识渊博、德高望重、能做榜样和模范的王府长史、纪善、伴读、教授等官来进行教诲，要求根据儿童年龄和聪明程度确定课程，严格进行教育，不能简单应付了事。景泰二年（1451年）礼部上奏说：今后希望能依照永乐年间（1403—1424年）的做法，在国子监学生中挑选年幼聪明、长相好看的到四夷馆学习。天顺三年（1459年），礼部左侍郎邹干等上奏说：永乐年间，翰林院译写番字，都在国子监挑选学生培养使用。希望皇上能敕令翰林院，从今后起，各馆有名额时，仍然依照永乐年间的办法，挑选年幼俊秀的国子监学生，送到馆内培养。明英宗对这个建议大为赞同，但是这些学校是否招收8岁以下的幼儿，没有明确的记载。

明代时，地方官学也向幼儿开放，如毛科撰写的《兴建贵州提学分司记》提到，当时贵州省城文明书院、提学分司有应世袭武官爵位的年幼官费学生近百人；靠近城边的社学招收有仲家、蔡家、仡佬、苗子、罗罗等族的幼儿100人。明宪宗成化十七年（1481年）二月，礼部上奏：如地方偏远，年幼儿童入学有困难，应督令地方政府开办一所社学，延聘附近有学识的人为教师，让提学官负责考核，明宪宗批准了这个建议。明神宗万历十七年（1589年）十二月，提学御史杨四知请京师各坊都设立社学，以便教育童蒙，明神宗表示赞同。当时的人们十分重视社会的作用，如嘉靖时所修《兰阳县志》便指出：人刚出生必然愚昧无知，人在幼稚时不能不受教育。如果百姓年幼便知礼义，等到长大成人，思想和行动必然都不会违背礼教。

此外，明代私人创办的蒙馆也收授幼儿。与此同时，家庭在幼儿教育中仍发挥着重要作用。

由此可见，到明代时，不仅私塾、蒙馆承担着幼儿教育的任务，就是中央官学、地方官学特别是官立的社学也在幼儿教育中发挥着越来越重要的作用。

前清教育机构的幼教功能

前清时期的教育机构继承了明代的传统。中央官学、地方官学、私学及家庭都承担着幼儿教育的任务。

在中央官学方面，八旗官学要招收幼儿。康熙皇帝曾于康熙三十三年（1694年）诏令内阁："对八旗官学的年幼学生，须对他们施加教育启迪。如果对他们用心教诲，没有不能成才的。骑马射箭与读书作文本来应该同等重视，不能偏废……最近看到国子监教习及学生精神萎靡，远不如前，就是八旗官学的教师在教年幼儿童时懈怠造成的。现在对于八旗幼儿，务必选择好的教师对他们勤加教育。你们这些人应宣传我的思想，使大家都知道。"可见在康熙时，八旗官学已招有幼儿。

雍正五年（1727 年）十月，康亲王、果郡王同国子监祭酒孙嘉淦商议八旗官学招生之事，后向雍正皇帝条奏：八旗设立官学，原本想每户都能分享受教育的恩泽，不应限定门第。不过，如果是学习满文的，则应该招收幼儿。今后选取官费生，其年幼的，让他们学习满文。八旗新兵因世袭制而招有幼儿，以致年纪太幼小而不能操弓上马。建议将八旗官学中年壮而读书迟钝的遣回旗内接受军事训练，而将新兵中的幼儿补充到八旗官学中学习满文，等年龄稍大一些才学骑马射箭，这对双方都有好处。雍正皇帝同意了这项提议。这样，八旗官学招收幼儿接受满文教育成为定制。康熙五十二年（1713 年）在畅春园的蒙养斋设算学，选八旗世家子弟学习算法，其中也有一些幼儿入学。到乾隆三年（1738 年），乾隆同意尚书孙嘉淦的上奏：算法一科，理论与方法精深微妙，并不是幼儿能很快学懂的。这项政策影响到了幼儿入算学接受教育。

清朝内务府管辖的景山官学注重幼儿教育。康熙二十四年（1685 年）下令在北上门两旁设立官学，挑选内府三旗佐领、管领下的幼童 360 名入学。乾隆四十四年（1779 年）准许回民佐领下选补 4 名幼童入学。嘉庆年间，定额镶黄旗、正白旗各为 124 名，正黄旗 140 名，回民儿童 4 名。

清朝时期，还向幼儿开放了咸安宫官学。雍正六年（1728 年），奉皇上谕旨：当时咸安宫内房间空闲，从内府佐领、管领下的幼童及景山房学生中选取优秀的 50~60 名或 100 多名，委派翰林等进行教育。于是根据雍正旨意，在咸安宫内修建三所读书房，每所收学生 30 名，不住校，但如果遇到天气炎热、寒冷或下雨时，幼儿也可在学校住宿。

长房官学也曾招收幼儿，如乾隆三十四年（1769 年）诏令：万善殿一直有十余名年幼内监读书，派一名汉人教师专门负责教所有课程。后因教授不方便，于是将在万善殿学习汉文的年幼内监归并到长房读满文的小内监处读书。这样，教育幼儿的任务便由长房官学担当了。

除中央某些官学外，地方学校特别是地方义学也兼收幼儿，如乾隆元年

（1736年），乾隆帝下令顺天府尹转饬大兴、宛平两县清理义学基址，重新修葺扩建，规定："凡愿就学者，不论乡城，不拘长幼，俱令赴学肄业。"以后清廷还令各地广立义学，使得很多幼儿有入学读书的机会。

此外，当时一些不能做官的穷秀才或年老归家的小官僚，或地方上热心教育事业的知识分子多在自己家中创办学堂。一般名为学馆，以收学生束脩维持生计或自娱，其中幼儿也是重要的生源。当时有钱人家多请名师到自己家去坐馆教自家及亲友子弟，这种教馆一般名为家塾，所收学生多包括幼儿。

总之，前清时期，上至某些中央官学，下迄地方义学、私学等学校均招收幼儿。

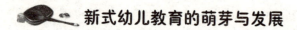

新式幼儿教育的萌芽与发展

在1840年鸦片战争之后，中国迅速沦为了半殖民地半封建社会，其文化教育，特别是幼儿教育方面的变化十分缓慢。在1904年1月颁行"癸卯学制"之前，中国传统的旧式幼儿教育在整个蒙学教育领域中占绝对支配的地位。也就是说，当时绝大多数中国的幼儿一般在家庭之中接受生活教育及旧式的文化教育，少数聪慧者则在私塾等旧式学校中接受旧式的文化教育。只有少数例外，这里所说的少数，是指在这一时期也有新式幼儿教育在极其缓慢地萌芽。新式幼儿教育的出现与列强的文化渗透和国人的救亡图存有较大关系。

在"癸卯学制"颁行之前，虽然培养的新式幼教师资不多，新式幼儿园的数量也非常有限，但这毕竟迈出了开办新式幼儿教育的关键性一步。有了这个起步，就为以后幼儿教育事业的发展奠定了基础。

"癸卯学制"颁行后，除原已创办的少数新式蒙学教育机构继续得到发展外，各地又相继有一些新式蒙学教育机构出现。

从蒙养院和幼儿入院数来看，当时新式幼儿教育的规模很小，但它毕竟打破了旧式幼儿教育之海的沉寂，为中国幼儿教育的发展带来了一线新的曙光。

古代教育家及其教育思想

在中国古代教育发展的历史上，产生过许多著名的教育家，他们在不同的历史时期分别对中国古代教育的发展作出了重要的贡献，并留下了丰富的教育思想资料，为中国文化教育宝库增添了珍贵的遗产。

第一节
古代教育思想综述

 古代教育思想的发展历程

在我国古代长期的教育实践中，涌现了众多的中国古代教育家，他们的教育活动和教育思想都在不同方面不同程度上推动或影响着教育实践的发展和变革。每一次社会变动必然引起教育上的某些变革，也就造就出一批教育家。他们的教育思想多是不同时期教育实践的总结和概括，尽管总结和概括的程度或角度不甚相同，但都是当时教育实践的反映。

春秋战国时期，"官守学业"的局面逐步被打破，开始了"学术下移"的新趋势。私学的蓬勃发展动摇了"学在官府"的格局，诸子蜂起，百家争鸣。汉代成书的《礼记》汇集了先秦儒家各派的教育思想资料，其中的《大学》、《中庸》、《学记》、《乐记》更是脍炙人口的教育名篇。春秋战国时期的法家商鞅（公元前390—公元前338年）、韩非（公元前281—公元前233年），道家老子（生卒年不详）、庄周（公元前369—公元前286年）以及托名于管仲（前公元725—前公元645年）的《管子》和吕不韦集名士百家撰辑的《吕氏春秋》等对教育问题提出了各自的见解，进行了深刻的论述。春秋战国时期众多的教育家和丰富的教育论著所探讨的教育问题十分广泛，几乎包含了整个中国古代教育所有问题的萌芽，重点探讨了教育的本质，教育的必要性和可能性，教育的内容、对象、途径、方式、方法等等。虽然他们的答案不尽相同，甚至相左，但从不同角度深化了对教育问题的认识，深刻地影响了后人教育思想的发展。

秦汉时期是中国统一的封建制度奠基时期，教育家探讨教育问题的重点

孟子

是寻找适应封建中央集权制需要的教育指导思想和文化教育政策。秦始皇（公元前259—公元前210前）、李斯（？—公元前208年）提出并实行了焚诗书、禁私学、学法令、以吏为师的教育主张。西汉的统治者吸取了秦朝速亡的教训，开始积极寻找更适应封建集权制的教育指导思想，由汉初黄老之学的探索，发展到汉武帝时董仲舒（公元前179—公元前104年）提出"罢黜百家，独尊儒术"的思想。他以天人感应的神学目的论为指导，以儒家宗法思想为中心，杂以阴阳五行说，论证了"三纲五常"的伦理观，提出"圣人之性、中民之性、斗筲之性"的性三品说，以及设学校以养士，兴贡举以选士，重教化以设堤防等一系列教育主张，开以后中国两千多年封建社会以儒学为正宗的局面。汉代教育家的主要精力集中于对儒家经书的搜集整理、注释、传授，把封建教育的教材建设向前推进了一步。马融（79—166年）、郑玄（127—200年）是最著名的经学大师，他们对儒家经典的注释具有较高的权威性。王充（27—97年）对以董仲舒为代表的神学目的论进行了尖锐的批判，特别在认识论方面，对知识的来源、知识的获得、知识的应用等提出鲜明的唯物主义观点，成为继荀子之后最有影响力的唯物主义思想家和教育家，是中国古代唯物主义教育传统的重要代表人物。

魏晋南北朝时期，多年战乱，学校兴废无常，儒学独尊的地位有所削弱，佛、道思想异常活跃，在多元化的学术思想界，玄学为主导思潮。玄学是用道家思想，即《周易》、《老子》、《庄子》（被称为"三玄"）来解释儒家经典，具有高度的抽象思辨形式。何晏（190年—249年）、王弼（226—249年）、阮籍（210—263年）、嵇康（223—262年）、裴頠（267—300年）、向秀（227—272年）等都是著名的玄学家。在教育思想上，他们提出"名教出于自然"、"越名教而任自然"、"名教即自然"等命题。后期的玄学家又与佛学趋于合流。儒家教育思想的正统地位受到一定程度的冲击，造成"儒墨之迹见鄙，道家之言遂盛"的局面。由于官学受政治风云影响而时兴时废，家庭教育得到充分发展。颜之推（531—590年）所著的《颜氏家训》一书，详细总结了家庭教育的经验，成为中国古代家庭教育的重要遗产。

唐宋以来，对前代教育进行认真严肃的反思，有的对当时教育提出尖锐的批评，有的对当时教育提出积极的建议，并从事大胆的改革，这就构成了理学教育思想产生和发展的客观条件。胡瑗（993—1059年）是宋代理学教育思想的先驱。他提倡兴学育才，主张"明体达用"，致力于"一道德而同风俗"，在苏州郡学和湖州州学从教20余年，创"苏湖教法"，闻名朝野。二程（程颢，1032—1085年；程颐，1033—1107年）兄弟依据周敦颐（1017—1073年）《太极图说》性、理命题，提出性即理、心即理，存天理灭人欲的主张，建立起理学教育思想的基本框架。张载（1020—1077年）把人性区分为"天地之性"和"气质之性"，并主张教育的功能在"变化气质"。在北宋时期，周敦颐（濂学）、二程（洛学）、张载（关学）被视为宋明理学的真正奠基人，也是理学教育思想的奠基人。南宋时期的朱熹（1130—1200年）是理学的集大成者，也是中国古代最著名的教育家之一。他的教育思想从南宋末，经元、明、清，影响中国古代教育达700余年。《朱文公文集》、《朱子语类大全》保留了他丰富的教育思想资料，他撰著的《四书集注》成为中国封建社会后期教育的通用教材，《四书集注》的影响力甚至超过了《五经正义》。他对教育问题的论述涉及各个方面，特别是对道德教育、教学和读书方法都有深刻的见解。南宋时期的另一位思想家、教育家陆九渊（1139—

1193 年）却另辟蹊径，独树一帜，创立了与朱熹的理学相抗衡的"心学"。朱陆论争成为南宋时期教育思想论争的主要内容，甚至影响到了元明清时期的思想发展。南宋末年，以陈亮（1143—1194 年）为代表的"永康学派"和以叶适（1150—1223 年）为代表的"永嘉学派"提出讲究实事实学、经世致用的事功教育思想。陈叶"左祖非朱，右祖非陆"的斗争，具有唯物主义教育思想反对唯心主义教育思想斗争的性质，有重要的理论价值。

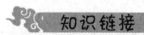

卧冰求鲤

王祥，晋代琅琊人，生母早丧，继母朱氏多次在他父亲面前说他的坏话，使他失去父爱。父母患病，他衣不解带侍候，继母想吃活鲤鱼，时值天寒地冻，他解开衣服卧在冰上，冰忽然自行融化，跃出两条鲤鱼。王祥将鱼带回家为继母做了可口的鱼汤，果然病愈，朱氏感动，从此，一家人和睦幸福地生活在一起。王祥隐居二十余年，后从温县县令做到大司农、司空、太尉。

辽、金、元时期是中国北方少数民族——契丹、女真和蒙古族统治北部以至全国的时期。各族统治者为了加速本民族的封建化进程，都推行"汉化"方针，从而促进了汉族文化教育与北方少数民族文化教育的交流和融合，推动了中华民族文化教育的发展。完颜雍（1123—1189 年）、元好问（1190—1257 年）、忽必烈（1215—1294 年）、耶律楚材（1190—1244 年）等都是少数民族的著名教育家。许衡（1209—1281 年）、姚枢（1203—1280 年）、郝经（1223—1275 年）、吴澄（1249—1333 年）、金履祥（？—1303 年）等汉族知识分子对这一时期教育思想的发展都作出了各自的重要贡献。

明朝中叶之前，当时占据教育思想统治地位的程朱理学已经呈现出日趋僵化、空疏的趋势。王阳明（1472—1528 年）继承和发展了陆九渊的教育思

周敦颐

想，形成了与程朱理学大相径庭的"心学"教育思想体系。他对道德教育、军事教育、社会教育、儿童教育都有深刻的论述。他和他的弟子热心于建书院、聚徒讲学，对书院"讲会"制度的发展起了积极的作用。至明末有高攀龙、顾宪成兄弟的东林书院，使书院自由讲学之风呈鼎盛之势，但也从而酿成书院被禁毁之祸。

明清之际，中国封建社会内部萌发着资本主义因素，西方传教士陆续来华，这种西学东渐逐渐使得封建教育发生了变化。一批思想家、教育家强烈地批判封建传统教育中专制主义、僵化、空疏的弊病，提倡教育的民主性、实用性、活动性，形成了以黄宗羲（1610—1695 年）、顾炎武（1613—1682 年）、王夫之（1619—1692 年）、颜元（1635—1704 年）、李塨（1659—1733 年）等为代表的早期启蒙教育思想的教育家群体。他们的教育思想中汇集了丰富的中国传统教育中的精华。徐光启（1562—1633 年）、梅文鼎（1633—1721 年）在传播西学教育方面作出了重要贡献。

已经缺乏生机的宋明理学到了清朝依旧是官方教育思想的正流。一些学者和教育家热衷于复兴"汉学"。考据学派的兴起，成为清代学术和教育思想的一大特色。戴震对理学教育思想进行了深刻而尖锐的批判，发出了"礼教"是"以理杀人"的呼喊。阮元以诂经精舍为基地，发展了经世致用的教育思想传统。至清末，则有魏源、龚自珍提出了向西方学习，"师夷之长技以制夷"的教育思想，自此，中国教育开始由古代向近代过渡。

两千多年来，众多的教育家在不同的历史时期，针对当时提出的教育问题，从不同的方面提出了各自的主张，形成了不同的教育思想流派。他们之间有过激烈的论争，又在不断地相互吸收、融合。教育思想发展的历史正是不同学派论争、融合，再论争、再融合的过程。正是在这个过程中，推动人们对教育问题认识的深化。不同历史时期突出的教育问题是不尽相同的，每个教育家从不同的立场、观点出发对这些教育问题的认识也有差别。但是，教育的发展具有连续性，教育问题的基本方面往往成为各历史时期绝大多数教育家始终关注和探索的热点。

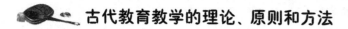 **古代教育教学的理论、原则和方法**

中国古代教育家多数都亲自从事教学活动，并在长期的教学实践中积累了丰富的经验，对于教学的理论、原则和方法提出了许多独到的见解。

 1. 教学过程

中国古代教育家很早就注意到教学是师生的双边活动，是教师的教导过程和学生学习过程的统一，而且是以学生的学习过程为主导的。自孔子以来，许多教育家都是从教与学两个方面论述教学问题，而且多数是由学论教，详细探讨如何学，然后探讨应当如何教。这是中国古代教学思想的一个突出特点，也是一个最大的优点和长处。

中国古代教育家通常把教学过程具体概括为"学—思—行"三个相互联系的基本环节。《中庸》曾进一步具体化为"博学之、审问之、慎思之、明辨之、笃行之"五个步骤；它们都表明教学过程是在教师指导下的学生的学习过程，强调要从学的方法出发来制定教的方法，教师要在学生的学习过程中发挥主导作用。由于不同历史时期每个教育家的世界观和方法论的差异，对于教学过程中的三个环节或五个步骤，所强调的重点有所不同，也就形成了各具特色的教学思想体系或教学思想流派。大体说来，孔子比较全面地重视这三个环节和五个步骤。孟子特别强调"思"；而荀子则比较重视"学"；王充强调"征验"，侧重于"行"；朱熹比较强调"学"与"思"，对"行"有所忽视；王阳明强调"思"与"行"，对"学"不太重视，但他所谓"知行合一"，实际是知行混一，以知代行。一批反理学的教育家力图恢复和发扬孔子学、思、行并重的传统，特别强调"行"，尤以颜元最为突出。实、动、习、行四字是颜元教学思想体系的基本特色。

 2. 教学目的和任务

中国古代教育家把教学的目的和任务概括为"尊德行而道问学"，以提高伦理道德修养为中心，掌握诗、书、礼、乐等历史文化知识，发展应世从政的能力。《学记》中认为，教学的目的和任务就是所谓的"一年视离经辨志，三年视敬业乐群，五年视博习亲师，七年视论学取友，谓之小成。九年知类通达，强立而不返，谓之大成"。每个阶段都包含着德行和道艺两个方面。韩愈将教师的职责概括为传道、授业、解惑，强调"文以载道"，也是要明确教学应达到的目的和应完成的任务在于以德行为本，而道艺为德行服务。在实际教学过程中，不同时期的教育家，有的强调德行，有的强调道艺，相互之间还曾不断发生激烈的争论，形成不同的教学思想流派。从总体上看，中国古代的教育家都认为教学要兼顾德行和道艺两个方面，而且往往把德行作为重点，而将道艺置于从属地位，这是中国古代教学思想的一个特色。

教学目的和任务主要是通过教学内容的安排、课程的设置和教材的编选来体现的。中国古代传统的教学内容和课程是礼、乐、射、御、书、数六艺。汉以后独尊儒术，诗、书、礼、易、春秋等儒家经典成为基本教材。魏晋南北朝时期，儒、释、道相互斗争，对教学内容和课程发生了重要影响，除儒家经典之外，玄学、史学、文学以及律学等都成为重要内容，而在儒家经典中，《易经》占有突出地位。颜之推主张教学不必拘泥于儒家经书，还应"涉百家之书"。隋唐以后，儒经在教学内容中的正统地位，在重振儒术的文教政策下又重新恢复。除以孔颖达的《五经正义》为法定教材外，并把经书进一步扩展为九经，分为大经（《礼记》、《左传》）、中经（《毛诗》、《周礼》、《仪礼》）、小经（《周易》、《尚书》、《公羊》、《谷梁》）；此外，还把《孝经》、《论语》定为公共必读科目。后又将《孟子》、《尔雅》列为经书，计《十三经》。不过，唐朝除重儒经外，对于诗词文赋也倍加提倡，律学、书学、算学、医学也被列为各专门学校的课程内容。北宋时期，王安石特别重视《周官》、《尚书》、《诗经》，撰《三经新义》，定为基本教材，并强调要遍读诸子百家、文、史等各种书籍，广习政事、礼法、天文、人事、武艺等各种本领。南宋以后，元、明、清各朝，程朱理学占统治地位。

3. 教学原则和方法

中国古代教育家在长期的教学实践中，概括和总结自己的经验，针对教学中所遇到的问题，逐步深化了对教学规律的认识，提出了许多很有价值的教学原则和方法，论述相当深刻而精辟。概括来说，我国古代教育的原则和方法主要有以下三点：

（1）因材施教。教学中首先遇到的问题是统一的培养目标和教学要求与教学对象的不同特点之间的矛盾。教学必须从实际出发，适应不同的教学对象，才能使学生各尽其才。这正是古代教育家提出因材施教的客观基础和条件。

（2）启发诱导。教学是师生的双边活动。教师的主导作用和学生的积极主动性是辩证统一的。教师能否充分调动学生的积极主动性是教学成败的关键，启发式教学的核心就在于此。

（3）学思并重。学习与思考是教学中的两个决定性环节。掌握知识与发展智力又是教学的两大主要任务。两者是统一的，又是有矛盾的。学思并重就是寻求两者的辩证统一。

应当指出，在中国古代教育家的观点中，上述三项原则不是孤立的，而是相互联系、相互补充的，它们贯彻于教学过程的始终，灵活运用于教学实践之中。

关于教师和师生关系

中国古代教育家绝大多数都是直接任教多年，对教师的甘苦深有体会，对教师的地位、作用、条件和要求都有明确的认识，对师生关系有亲身感受，因此，他们对教师和师生关系的论述都是很深刻的。

中国古代有悠久的尊师传统，给予教师以很高的地位。《尚书·泰誓》已有"天佑下民，作之君，作之师"的说法，将君师并称。《学记》对尊师重道做了高度概括："凡学之道，严师为难。师严然后道尊，道尊然后民知敬学。"

教师具有崇高的地位和重要作用，担负着传播政治思想、文化知识、培养后代的重任，关系到国家的兴衰和民族

荀子

的前途，因此不能不对教师提出严格的要求。

　　积累了丰富实践经验的孔子提出，教师应有高尚的道德品质、丰富而渊博的知识，还应热爱教育工作、热爱学生，具有高超的教育教学艺术。概括起来，集中在两点：一是"学而不厌"，二是"诲人不倦"。荀子提出："师术有四，而博习不与焉。尊严而惮（敬），可以为师；耆（60岁）艾（50岁）而信，可以为师；诵说而不陵不犯，可以为师；知微而论，可以为师。"

　　中国古代教育家认为，建立良好的师生关系是搞好教育工作、提高教育质量和教学效果的重要措施。

　　中国古代教育一直有着尊师爱生的优良传统。孔子对学生极其热爱，全面关心，从政治思想、品德作风、学业才能，以及日常生活无不关怀备至。在教育教学中，"无私"、"无隐"；学生家中有困难，设法帮助解决；学生患病，亲自看望；学生不幸早亡，悲痛欲绝；平日和学生打成一片，或讨论学问，或谈笑歌舞，或同河沐浴。他对学生的热爱也赢得了学生对他的尊敬。荀子也强调老师要严格要求学生。他认为，教师对学生真诚关心，高度负责，学生学有所得，日后有所成就，就会由衷地感激老师，"水深而回，树落则粪本，弟子通利则思师"。有人说：孔子是和善可亲的教师，荀子则是威严可敬的教师。这正是中国古代教师的两个典型风格，从而形成两种不同的师生关系类型。

　　良好的师生关系集中体现在"教学相长"的教育实践之中。中国古代教育家历来主张教与学互相促进、师与生共同提高。孔子提出"当仁不让于师"，并肯定"后生可畏"，学生可以超越教师。荀子也提出："青，取之于蓝而青于蓝；冰，水为之而寒于水。"《学记》系统阐述了"教学相长"的思想，"学然后知不足，教然后知困。知不足然后能自反也；知困然后能自强也。故曰教学相长"。韩愈提出"弟子不必不如师，师不必贤于弟子"的著名论断。王阳明进一步发展了教学相长的思想，认为师生之间可开展批评，互相促进，共同提高。

　　总之，尊师爱生是中国古代教育史上的优良传统，教学相长是古代师生关系的基础。

第二节
古代的教育家及其教育思想

先秦时期儒家的教育观

春秋战国时期的儒家私学是办得最为成功的。当时的儒家大师孔子、孟子、荀子在教育理论上的建树也极富特色，对后世产生了十分深远的影响。

孔子，名丘，字仲尼，春秋时期鲁国人。他的先祖原是宋国贵族。因贵族内部倾轧，其曾祖父迁至鲁国避难。至其父亲纥，已没落为一般武士，后因善战有功升为陬邑宰。孔子三岁丧父，随母颜氏移居曲阜。此时家境更为贫寒，故自称"吾少也贱"。由于鲁国是周公封地，所以孔子幼时就深受周朝礼乐文化的熏陶，这对他以后的思想发展有极大的影响。

青年时代的孔丘，以好学而闻名。为了学习，他常远离家乡，四处寻师。二十六七岁时曾做过管仓库和管牛羊的小官。30 岁左右，孔子开始创办私学，开始了他的教育生涯。虽然他在 51 岁时做了中都宰，后升为司空、司寇，并一度代理宰相职，但他从未间断过讲学活动。56 岁时，因鲁国内乱，孔子被迫离开鲁国，带领弟子到处游说。他先后走了宋、卫、陈、蔡、楚等国，共用了十三四年时间。这期间东奔西走，到处碰壁，甚至遭到"绝粮"、"围困"等厄运，但他始终坚持讲学，与弟子共同演习礼、乐。68 岁时，孔子回到鲁国，专门从事讲学和整理古代文献的工作，"删诗书，定礼乐，修春秋"，继承和发展了殷周以来的传统文化。

孔子创办的儒家私学，无论是在当时还是在后世，都占有重要地位。他的一生中，教育成就最为显著。他在长期从事教育和教学的活动中，积累和总结了大量宝贵的经验，为中国传统教育理论的发展奠定了基础。他死后，孔门弟子辑录他的言行而成《论语》，成为封建社会教育的重要教材，也是我们研究孔子教育思想的主要资料。

　　孟子，名轲，字舆，鲁国邹人，生活于战国中期。孟子的祖先是鲁国贵族孟孙氏之后代。其父死得很早，从小由母亲教养。据说，孟母为教子，曾三次迁居，管教甚严。"昔孟母，择邻处，子不学，断机杼"的故事，曾广为流传。他自幼好学，受业于孔子之孙子思的学生，一生崇拜孔子，自称"乃所愿，则学孔子也"。由于他学有所成，继承和发展了孔子的学说，在封建社会被尊为"亚圣"。他一生以聚徒讲学、游说诸侯为业，曾率领弟子先后到过齐、梁、宋、滕、薛、鲁等国，推行其政治主张。各诸侯认为他的主张不合时宜，多不采纳。孟子晚年则专心著书立说和从事教学。他非常热爱教育工作，把"得天下英才而教育之"看做是人生的三大乐趣之一。

 知识链接

孟母三迁

　　人们熟知的"亚圣"孟子（公元前372－公元前289年）名轲，邹国（今山东邹县）人，是春秋战国时期的思想家、教育家。孟子小时候十分调皮淘气，后来刻苦求学，终于成为一名儒家学派的大学问家。晚年，他在《孟子题辞》中回忆自己的成长经历时说："我的成长与'幼被慈母三迁之教'关系极大。"

　　孟子小时候家境十分贫寒。他家住在一个村子的边上，附近是一片坟地。孟子小时候常去墓间玩耍，看见人家埋葬死人，出于好奇，他也和一些小朋友学着样子玩抬棺材、挖坑、哭号的游戏。孟母见此情景很是担心，认为这个地方对孩子成长不利，立刻就搬了家。

　　孟家搬到了城里的一条街上，附近便是集市，商店林立，商人巨贾云集，一天到晚吆喝叫卖声不断。小孟轲住在那里后，又和小朋友们学起商人做买卖的游戏来。孟母感到这个地方对孩子的成长也不利，于是决定再次搬家。

孟家第三次住的地方是一个学宫的旁边。到这里来的除一些学生外，还有一些著名的学者。他们出出进进很有礼貌，早晚还会听到琅琅的读书声。孟母觉得这个地方很好，有利于对孩子的教育，便定居在此。

　　小孟轲住在这里后，常到学宫旁看学生做游戏，听老师上课、学生读书，学习来往行人的礼仪，孟母看了十分高兴。直到孟轲上学后，孟母仍不放松对他的教育。后来，孟轲终于成为一代宗师。

　　荀子，名况，字卿，战国后期赵国人。荀子是先秦最后一位儒学大师。他主要活动于齐、楚两国，三次游学于"稷下学宫"，其间三为祭酒。不久为谗言所伤，适楚为兰陵令。晚年失官在家，著书立说。荀子生活的时代，新兴地主阶级已基本掌握了政权并谋求在全国的集权和统一。荀子的学术思想代表了地主阶级上升时期的思想，在学术上比孔子、孟子要深。他评判和综合了百家学说，反映了他所处时代社会发展的需要，为将要出现的大一统封建帝国制造舆论。他的礼法结合的思想，为新的封建等级秩序确立了理论基础，为封建社会的发展发挥了实际的作用。荀子的教育思想在继承孔子、孟子观点的基础上，依据时代潮流，融合各家所长，提出了较为全面而且更加理论化的教育观点，很有独到之处。

　　儒家所主张的培养目标是具有理想、志向、气节的统治人才，这种人才应胸怀天下，志向远大，意志坚定。这种教育主张，实质上就是要将学生培养成人，做一个真正的人。他们要求所培养的君子能够达到尽自然之美而致自然之用的"与天地参"的境界，才可能在治国平天下之时循天道而行人道，将天道付诸社会，以实现"天道"为己任，自强不息。

先秦时期墨家的教育观

　　在春秋后期，与儒家齐名的学派是墨家。墨家的首创者墨子，名翟，是孔子的同时代人。墨子早年受业于儒家，受孔子之术。后来认为儒家"礼烦忧而不悦，厚葬靡财而贫民，久服伤生而害事"，故而从儒家营垒中脱离出来，自立私学，自成学派。墨家代表着当时独立生产者——"农与工肆之人"的利益，对宗法社会做出激烈的、彻底的批判。

墨子认为，人们的"不相爱，交争利"是天下大乱的根源。人们多为私利考虑，不肯为他人出力，不肯将多余的财物资助他人，不肯用正确的道理开导他人，因而造成了"饥者不得食，寒者不得衣，乱者不得治"。要消除这些社会弊端，唯有推行"兼爱"："有力者疾以助人，有财者勉以分人，有道者劝以教人。"如果能使天下人都兼相爱，做到"爱人若爱其身"，天下就可以治平了。面对诸侯争霸、战争相继的局面，墨子期望能够出现一个"大不攻小，强不侮弱，众不贼寡，诈不欺愚，贵不傲贱，富不骄贫，壮不夺老"的社会。

墨子用下面这段话概述了他的治国主张："凡入国，必择务而从事焉。国家昏乱，则语之'尚贤'、'尚同'；国家贫，则语之'节用'、'节葬'；国家熹音湛湎，则语之'非乐'、'非命'；国家淫僻无礼，则语之'尊天'、'事鬼'；国家务夺侵凌，则语之'兼爱'、'非攻'。故曰择务而从事焉。"

为了实现这样的治国主张，推行"兼爱"的社会理想，墨家主张把培养

墨子塑像

能够自觉爱护别人的"兼士"作为教育的目的。这样的"兼士"能够"兴天下之利，除天下之害"，由此治理国家，社会就会太平。

为了培养"兼士"，墨家学派纪律严明，艰苦朴素。墨子明确宣布以"匹夫徒步之士"为教育对象。儒家私学规定以"行束脩"之礼为入学条件，而墨家私学则以先行劳苦服役为入学条件。墨家私学的弟子平日皆能吃苦耐劳，穿粗衣，着草鞋，日夜操劳，食不得饱，自觉地与贱人为伍，危难之际敢于赴火蹈刃，死不旋踵。

在教育内容方面，墨家与儒家也有很大区别。它反对礼乐教育，而重视科技教育。为实现"兼爱"理想，墨家重视武艺的学习，以反对非正义的战争。墨家重视科学技术的研究，以帮助"农与工肆之人"。在墨家后学所著的《墨经》中，涉及几何学、物理学、光学、数学等方面的知识，例如在机械方面，谈到了低速、高速、有穷、无穷等问题；在数学方面，提出了无限小、无穷大的观念，发现了零的概念，以及几何学上的点、线、面问题；在力学方面，阐明了杠杆、天平、秤、滑车、斜面的理论；在光学方面阐明了倒影、平面镜、凹面镜、凸面镜的原理，这些都是我国科技发展和教育史上的光辉篇章。此外，墨家还注重辩论学、逻辑学。这些都说明了墨家的教育内容大大突破了儒家"六经"的范畴。

墨家的认识论具有唯物主义因素。墨子认为，知识来源于亲知、闻知和说知。亲知属于直接的知识，靠与外界接触的感觉、印象、知觉而获得。闻知属于间接的知识，靠闻见和读书获得。说知属于推论的知识，所谓"察类明故"，就是运用逻辑思辨，进行类推，获取新的知识。"三表法"是墨子提出的检验知识的方法，即用三个标准去衡量是非。首先要"本之于古者圣王之事"，即根据历史实际；其次要"下原察百姓耳目之实"，即根据社会实际；最后要"观其中国家人民之利"，即根据人民大众的利益。他尤其重视第三条标准。所以，墨家在教育内容上能突破传统文化的范畴，在科技方面进行大量饶有价值的创造。这个认识论影响了教育观念，使得教育有了重事实、重实践、重应用的特色。

先秦时期法家的教育观

法家的思想渊源较早。其代表人物上推可始于郑子产和管仲，其后有李悝和吴起。战国中期的代表人物是商鞅，战国末期的代表人物为韩非。韩非是法家思想之集大成者。在春秋战国的动荡年代，法家锐意提倡耕战，主张严刑峻法，强调以法治国，反对儒家的"仁义道德"和墨家的"兼爱"等说教，也反对道家的"恍惚之言，恬淡之学"。因而在教育方面他们要求能"服之以法"，以培养"法术之士"为教育目的。《韩非子·孤愤》中说，这种"士"，能"远见而明察"，"刚毅而劲直"，能反对那种"无令而擅为，亏法以利私，耗国以便家，力能得其君"的行为，以帮助封建君主实行专制集权统治为己任。

法家认为，道德教育必须寓于法治教育之中。韩非指出，仅靠道德感化是无法让人为善去恶，行公走私的。他在《六反》中说："母厚爱处，子多败，推爱也。父薄爱教笞，子多善，用严也。"他在《显学》中阐述说："夫严家无悍虏，而慈母有败子，吾以此知威势之可以禁暴，而德厚之不足以止乱也。"道德的培养只有在遵守法律的前提条件下才可能实施。国家只有坚持法治，坚持"法不阿贵，绳不挠曲"，采用重刑威慑，才能使"民莫敢为非"，才能取得"一国皆善"的社会效果。儒家重德教、轻用刑的主张只会助长罪恶，只有"以杀刑之返于德"，才是教育民众具备道德的有效办法。

为了贯彻以法治国的方针，法家主张以普遍的社会法治教育来确保社会向法治方向发展，使人人都成为"尽力守法"、"循令而从事"、"明法"、"行法"之人。韩非高度总结了法家各派关于教育改革的主张，在《五蠹》一文中完整地阐述了法家的教育方针："明主之国，无书简之文，以法为教；无先王之语，以吏为师。"这一方针后来成为法家关于建立封建国家教育机制的基本国策。

法家的教育观念在一定程度上揭示了教育的社会功能。但这些主张也有很大的片面性：它忽视了历史文化传统对人类社会发展的重要作用，否认了学校教育的重要作用，否定了人的个性发展和主体精神，

韩非子塑像

渗透了封建的文化专制主义精神。这些观点为封建专制主义教育的推行提供了思想基础。

先秦时期道家的教育观

道家的创始人为老子，以后发展为两派：一是庄子所倡导的老庄学派，二是稷下学宫形成的黄老学派。

道家源于那些明哲保身、隐于乡野的隐士。在春秋时代社会剧烈变动的时候，社会上出现了一批隐者。这些人一方面具有文化知识，另一方面又不愿做官。这些"避世之士"，多半来自没落贵族。他们在政治斗争中失败后，追求明哲保身，隐于乡野。因此，道家在教育目标上，主张培养"上士"或"隐君子"。道的本质特征就是自然，道家又称之为"自然无为"。老子说："道恒无为，而无不为。侯王若能守之，万物将自化。"所以道家的理想就是要"道法自然"，回到自然中去，也就是要回到无阶级的原始社会中去，过着"小国寡民"、"甘其食，美其服，安其居，乐其俗。邻国相望，鸡犬之声相闻，民至老死不相往来"的生活。道家教育的培养目标是"能辅万物之自然与弗敢为"的人。这些人能帮助老百姓归真返璞，回到原始的自然状态中去。

道家认为，人性的本质也是自然的，人性无所谓善恶，善恶是一切社会道德的产物，而这些东西本身就是对人性的背叛。老子认为，人具有"素朴"的本性，出自于自然，人性的本然状态犹如婴儿一般"无知无欲"。庄子进而指出人性即自然，它与天地万物为一，与自然是混同一体的。因此，道家认为，促进人的自然

老子塑像

本性的充分展现才应该是教育的作用。人类社会的发展也只能是保证人的自然本性的发展，而不能是相反。

就理想人格的追求而言，道家推崇即世而出世的超越的自由人格。道家猛烈抨击儒家积极入世的圣王人格，追求近乎出世的具有超越和放达的品格，教人身处人世间而不"与人为徒"，能适意、遂情、安性，使身心达到最大限度的放松，把真人、至人、神人视为理想人格的典范。老子主张无为，主张顺应自然，提倡"不争"和"知足"。庄子则提倡"独与天地精神相往来"，提出"齐物论"，把是非、善恶、美丑看淡，追求一种精神超然、心志高远的境界。尽管道家关于理想人格的教育目标追求具有一定的非现实性，但它在精神上的虚构，却满足了被现实功利之争所困扰的人们的希望超越的心理欲求。道家思想所表达的追求独立人格，渴望人身自由的愿望，深刻影响了封建士大夫的人生观。

 ## 董仲舒及其教育思想

董仲舒（公元前179—公元前104年），广川（今河北省景县）人，是西汉著名的儒家思想家和教育家，有汉代"孔子"之称。

董仲舒的著作很多，但绝大部分失传了。流传至今的只有一本《春秋繁露》和《史记·儒林列传》、《汉书·董仲舒传》中的有关资料。董仲舒的教育思想主要有以下几个方面：

1. 治天下以教化为大务

董仲舒继承了孔孟的"德治"、"仁政"思想，并赋予神学观点，用"天人感应"之说，宣称天是至上的主宰与君权神授的思想，又讲天道有阴阳，阳为德，阴为刑，天意尊阳而卑阴，重德教而不重刑罚。他把教育当做国家的大事，十分重视教育的作用，指出："南面而治天下，莫不以教化为大务"，意思是说，王者在治理天下时，没有不把教育当作主要任务的。

董仲舒向汉武帝谏言，"废黜百家，独尊儒术"，以此来加强思想的统一。他认为重视统一是天地不变的原则，凡不属于六经和孔子学术的，都一律禁止，不许齐头并进。这样一来，邪僻的学说消灭，然后学术的系统可以统一，法度就可以明白，人民也知道所应走的方向了。他明确提出以"独尊儒术"

作为统一的指导思想，用来维护封建中央集权的大一统，而使臣民知其所守与所从，这最适合于加强封建中央皇权和巩固封建制度一统天下的事业，遂被汉武帝所采纳，作为汉王朝统一的政治指导思想和文教政策的主旨。

董仲舒建议开创太学，用来培养和选拔精通儒经的人才。汉武帝采纳了这一建议，于公元前124年下诏在京师长安正式设立了太学，以儒经博士为学官——专职教授，招收弟子50名，授以儒经，为国家培养官吏。这便是汉代正式成立太学之始。由董仲舒建议汉武帝设立太学的举动，在中国教育史乃至在世界教育史上都有重要意义。汉代太学与欧洲的雅典大学、亚历山大里亚大学等同处于最古老的地位。

然而设太学以培养人才，周期较长，且人数有限。为了提高人才培养和选拔的效率，董仲舒又提出了"选士"办法，即建议各级官员重视发现、推荐和选拔社会上既有的人才，并建议各级官员所选拔的人才如属贤才则有赏，所选的人才如不肖则有罚。而且董仲舒还主张，在实践中考察人才的贤德与才能，度量了才能再给他们以官职，考察了德行再来给他们以职位，反对凭资历、熬年头、论资排辈，不要以日月的积累计功。这种培养与选拔相结合、学校教育与社会教育同步前进的思想，不仅对封建时代的教育发生了重大影响，对今天我们改革教育、培养和选拔人才也是有启发的。

董仲舒十分重视国家教育，他实行德治和教化是王者的主要任务。他说，教化没有建立就不能把人民纳入正道。老百姓追求利益的趋向如同水向下流一样，不用教化当作堤防的话，是不能停止的。所以教化建立而奸邪停止，这是堤防完好的证明。教化废止而奸邪出现，用刑罚也不能制止，这是堤防坏了的证明。所以古时王者明白这个道理，在他们治理天下时，没有不把教化当作主要任务的，在国都建立大学，在县邑设立县学、乡学，

董仲舒

用仁德来教育人民，用道义来感化人民，用礼节来调节人民，因而刑罚虽轻
而人民没有违犯禁令的，这正是得益于施行教化造成的良美风俗。他还说，
现在的郡县令，就是人民的老师和领导，是派他们禀承风旨来宣传教化的，
如果这些地方官的教化工作没有做好，那么君主的仁德就不能宣扬，君主的
恩惠就不能达到民间。由此可见，董仲舒十分重视教化工作，把教化民众的
任务当作各级行政官员的重要职责。

　　总之，董仲舒的"治天下，莫不以教化为大务"的思想，奠定了汉武帝
文教政策的基础，这不仅对汉代，而且对整个封建社会各个王朝的文教政策，
都发生了重大的作用和影响。

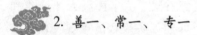 **2. 善一、常一、专一**

　　董仲舒曾提出过"善一"、"常一"和"专一"的学习要求。

　　所谓"善一"，就是要求专精于一，要有所专长。董仲舒认为，一个人不
善于一，没有获得某种专长，就不能立身，得不到社会的承认。

　　所谓"常一"，就是要求始终如一地努力学习一种学问。董仲舒认为，人
人都可以学习，但只有坚持不懈地学习一种学问，才能获得显著成效。

　　所谓"专一"，就是要求在学习过程中专心致志。董仲舒指出"事无大
小，物无难易"，但必须专心，否则将一事无成。他举例说："是以目不能二
视，耳不能二听，一手不能二事。一手画方，一手画圆，莫能成。"这在学习
上讲，就是说不能一心二用，不要分心走神，要集中注意力，专心致志，才
能学好。他说："不一者，故患之所由生也"，即心不专一，就必将失败或发
生弊害。

　　董仲舒还提出了"多连博贯"的学习方法。所谓"多连博贯"，从字面
上解释，就是由一知为起点，多方联系，融会贯通，以达到触类旁通、一通
百通的效果。他的"多连博贯"，不仅是由一知到多知，由专一到博学的学习
方法，而且也是他的"知往明来"的学习目的。所以他得出"得一端而多连
之，见一空而博贯之，则天下尽矣"的结论。董仲舒这种"多连博贯"的学
习方法，在一定条件和一定范围内的运用，有助于由从个别到一般，触类旁
通，加深理解。

知识链接

陆佃千里求学

陆佃，字农师，越州山阴（今浙江绍兴）人，是我国宋代著名诗人陆游的祖父。

陆佃小时，家境贫困，没钱供他上学读书，他只得帮助家里打柴、耕田。但他酷爱读书，居贫苦学，从不放过一点空余时间，白天劳动空间，晚上劳动后，都是他读书的好时机。他一边干活，一边向有学问的人求教，把学到的知识记下来，不断丰富自己的才学。夜晚没油点灯，就在院子里映月光读书。经过十几年的苦读，陆佃在当地已初露头角，小有名气了。

古时学校很少，求师困难，求名师更为不易。他为了学得更多的知识，决定到外地拜师求学。当他得知唐宋八大家之一、著名文学家王安石正在江南讲学，便决心去拜师。

为了拜师，他穿着草鞋，背着铺盖，长途跋涉，跑了千里路程。一天下午，来到一条河边，当时没有渡船，只得把行李顶在头上涉水过河。当他走到河心时，突遇山洪，巨大的洪流将他卷走，幸好被一位好心的艄公救了上来。经过几个月的努力，历尽艰辛，终于找到了王安石，当他跨进王安石的家门时，已精疲力竭了。王安石看到这位不远千里前来求学的有志青年后，十分喜爱，决心把全部知识传授给他。

在王安石的精心教导下，陆佃学习非常刻苦，博览群书，知识面极为广泛。在京师考试时，考官将题目一道紧接一道地发下来，许多人都惊慌失措，陆佃却从容答对，考中进士。他精通三礼，受到宋神宗的称赞，被提拔为中书舍人、给事中。宋徽宗继位，陆佃先被召为礼部侍郎，升吏部尚书，又拜尚书右丞，后转左丞。

陆佃一生虽然大多数时间在官场度过，但仍坚持写作，著书242卷，如《埤雅》、《礼象》、《春秋后传》、《陶山集》等，皆传于世。

韩愈及其教育思想

韩愈（768—824 年）字退之，河南南阳（今河南孟县）人，祖籍昌黎，人称他为昌黎先生。

1. 韩愈的教育活动

韩愈是唐代著名的文学家、思想家和教育家。他生活在"安史之乱"之后的中唐时期，虽安史之乱已经过去，但封建割据势力并没有完全被消灭。他主张加强中央集权，反对藩镇割据，要求采取一些缓和阶级矛盾的措施，减轻对人民的剥削。他主张复兴儒学，反对佛教、道教，强调儒学的历史地位和发扬儒学传统的重要性，提出要把儒学所维护的"三纲五常"作为治国、修身、论事的最高原则，主张罢黜佛老之学，独尊孔孟之道。在文学方面，他发起"古文运动"，古文运动的指导思想是反对魏晋南北朝以来的骈体文，主张"文以载道"，提倡先秦和汉代所使用的散体文言文。

在教育方面，他做过两次国子学博士，一次四门学博士，还任过一任国子学祭酒。在任国子学博士期间，作《师说》、《进学解》。他对地方教育也很重视，作《子产不毁乡校颂》，歌颂郑子产的不毁乡校的功绩。他在潮州当刺史时，曾拿自己的薪俸出来兴办州学。他很热心奖掖后进，凡经他指教过的都称为"韩门弟子"。韩愈的教学方法生动活泼，极具感染力。他任国子学祭酒时，曾奏请朝廷严格选拔教师，主张每天都要会讲，整顿国子学的教学秩序，提高教学质量。当时国子学有位（直讲）教师能讲《礼记》，但容貌丑陋，豪族子弟出身的学官不与他共食，看不起他，韩愈特

韩愈塑像

召这位直讲来一同用餐，其他学官从此不敢再贱视这位直讲了。总之，韩愈不仅是一位教育思想家，亦是一位有丰富经验的教育实践家。

 2. 古之学者必有师

《师说》中记载有韩愈关于教师问题的卓越见解，是中国古代教育史上的一篇重要的教育学文献。

韩愈指出，当时儒学削弱、教育衰败，社会上普遍出现了不重师道的现象：人们以向教师学习为可耻；教师自己也看不起自己，认为自己的作用也无非是教学生识字、背书而已。而一些贵族"士大夫"阶层一谈起某某教师教某某学生时，"则群聚而笑之"，嘲笑那种师生关系。为了改变这种不重师道的不良风气，韩愈写了《师说》一文，强调了求师问道的重要作用，这和他推动复兴儒学和古文运动是一致的，其目的是崇儒卫道，为恢复与捍卫儒学传统而斗争。

他的师道观，可以概括为以下三个方面：

（1）教师的任务。韩愈说："古之学者必有师，师者所以传道授业解惑也。"意思是说，古代求学的人一定要有老师，老师的职责是传授道理，教导学业，解除疑难。韩愈所说的"传道"，是指传授儒家的道统，传授儒家的修身、齐家、治国、平天下之道义，对学生进行当时的政治思想教育和道德教育；"授业"，是指教授古文典籍和儒家经典，使学生掌握一定的古籍文献、具有一定的读写能力，受到文化知识技能方面的教育；"解惑"，是指教师在教学过程中不断解答学生们在"道"与"业"两方面的疑惑。他认为这三项是教师的基本任务，而这三项任务是紧密相联的。但是应以传道为第一位，授业为第二位。在他看来，教师的任务重在传道，古文、六经之类只不过是载道的工具；授业是为传道服务的；传道是通过授业来完成的，如果教师认为自己的任务只是教学生识字、读书而不去传道，那是因"小"而失"大"，忘记了自己的根本任务。

（2）教师的标准。韩愈认为，不论地位高低，不论年龄大小，谁掌握了道，谁就有担任教师的资格。为人师，必须忠于道，必须传道卫道，而传道又是通过授业来实现的。所以衡量教师的标准，首先是"道"，其次是"业"。凡是具备了"道"与"业"的，就具备了做教师的基本条件。因此，做为教师就应当在"道"与"业"两个方面加强自己的修养。他的这种看法，也是很有价值的。

（3）师生关系。韩愈认为，谁先掌握了"道"，谁就可以为师；谁先具有学问专长，谁就可以为师，而不必顾及其他条件。他是历史上第一位明确提出建立相互为师、能者为师的新型师生关系的人。他认为师生之间的关系是相对的，有条件的，可以转化的，所以说，弟子不一定不如老师，老师不一定就比学生贤能，只不过掌握"道"有先有后的不同，术业有专长、不专长的区别，就是这样罢了。韩愈的这一思想是很深刻的，不仅说明了教师不一定是万能的人，不一定是完人，破除了对教师的盲目迷信，解除了"弟子必不如师，师必贤于弟子"的老教条，而且把千余年来"尊师重道"的关系做了新的解释，提出了"道"重于"师"，重道而尊师的见解，这是"教学相长"思想的新发展。

韩愈反对"生而知之"，强调后天学习的重要性，强调文化继承和知识传授的必要性。他甚至提出：圣人之所以为圣，愚人之所以为愚，其皆出于此乎！即肯定"圣"与"愚"的根本原因不在于先天，而在于后天是否肯于从师问道。他还提出"巫医乐工，不耻相师"，即下等人也有值得上等人学习之处，这就是提倡人们要向道行高尚、学有专长的人学习，提倡相互为师，谁在某一方面比自己强就拜他为师。这既有"能者为师"的思想，又有"教学相长"的含义，他的这种观点，对扩大师资来源和人才的培养都十分有利。

总之，韩愈的这些卓越的见解，不但大大丰富了我国古代的教育思想，而且对我们今天正确理解教师的职责，正确处理政治与业务、德育与智育、教书与育人、教师与学生之间的关系，也具有一定的参考价值。

3. 业精于勤荒于嬉

韩愈在《进学解》中说："业精于勤，荒于嬉；行成于思，毁于随。"意思是说，学业的精湛在于勤勉，荒废则由于嬉戏；道德的完成就在于多做反思，败坏则由于一味因循，不加磨砺，要求不严。

韩愈所说的"勤"，表现为"口勤"（多吟诵），"手勤"（多翻阅），"脑勤"（多思考，多体会），日以继夜地学习。这是他对前人治学经验的总结，也是他自己多年治学的宝贵经验的结晶。

韩愈认为，在求学中要处理好"博"与"精"的关系，他一方面强调博学，提出求学者应无满足地追求，广泛阅览。另一方面，他又要求精约，提出记事的书，必定提出它的纲领；立论的书，必定探索它的意旨。这就是说，教学时要提出纲要，让学生把握住要点，引导学生探索其精微之处，融会贯通，领会其精神实质。

韩愈认为要向古人学习，不是拘泥于章句文辞的背诵记忆，而是要学习古人文章中的思想、方法。如果只会背诵、模仿"古圣贤人"的陈词滥调，那么到头来只不过是一个"剽贼"罢了。他认为那种谨小慎微、拘拘谨谨地按照寻常的道路行走，没有创见地窃取着旧文古书是没有出息的。他赞成，吸取前人的优秀成果，又反对沿袭剽窃，主张把学习与独创结合起来。他赞成培养的人才要有真知灼见，写的文章要内容博大精深，形式丰富多彩，风格雄浑豪放，总之，他鼓励培养这种创造性人才。韩愈自己在文学上的高深造诣，能够造语生新，独具风格，自成一家，就在于他能很好地把学习与独创结合起来。

韩愈在其《杂说》中的《说马篇》中提出："世有伯乐，然后有千里马。千里马常有，而伯乐不常有。"这说明识马者（伯乐）难得，有识马者然后才会发现千里马。不识马，虽有千里马也被埋没了。他认为只有善于鉴别而又培养得当，人才才会大量涌现出来。否则天下人才虽多，亦不见用，反而说天下无才，岂不荒谬！直到现在，他的这一思想还具有一定的积极意义。

 ## 朱熹及其教育思想

朱熹（1130—1200 年），南宋教育家、哲学家，字元晦，一字仲晦，号晦庵，别号考亭、紫阳，徽州婺源（今属江西）人，侨居建阳（今属福建）。

1. 朱熹的教育生涯

从事教育工作是朱熹一生的主要活动。他曾先后创办过同安县学，复建白鹿洞书院，修复岳麓书院，并到处鼓励设置州县学。他亲自教过的学生

朱熹塑像

遍及全国各地，及门弟子达千人之多。在他50多年的教学生涯中，积累和总结了丰富的教学经验，这些经验是中国古代教育史上的宝贵遗产。

朱熹的著述浩瀚，有《四书章句集注》、《周易本义》、《诗集传》及后人编纂的《晦庵先生朱文公文集》和《朱子语类》等。朱熹在生前并未受到重视，他的学说还一度被称为"伪学"而遭禁。然而，朱熹死后却受到"赠太师，追封信国公，改徽国公，从祀孔庙"的崇高待遇。在宋元明清时期，他的思想被奉为封建正统思想，对巩固封建统治起到了重要作用，其博览和精密分析的学风对后世也有很大的影响。

 ## 2. 教师只是一个"引路人"

朱熹认为，学习是自己的事情，是别人不能代替的。只有靠自己的努力，以主动积极的态度去掌握知识，这样才能学得活、学得深、学得好。教师只是一个"引路人"，在学生开始学习时给以引导、指点——"示之于始"；在一个阶段学习完结时，检查学生学习是否正确，是否有成效，给予适当的评价、证明和裁断——"证之于终"；在教学过程中，学生遇到疑难时，教师与学生共同计论——"同商量而已"，商量时教师要适时的启发。

朱熹认为学生在开始学习时，应竭尽全力，勇猛奋发，像士兵作战那样，抱着有进无退、有死无生的决心。但这不等于说以后学习就可以松懈下来，而是应该坚持不懈、持之以恒。所以他又十分强调"时习与温故知新"。即随时、随事、随处都温习已获得的知识，不间断地去"温故"。他认为只有不间断地去"温故"，才能使其所学的知识融会贯通，转化为技能，并应用无穷，那种只知机械地重复旧闻而不能触类旁通的人，是没有作为的。朱熹这种既强调学习要勇猛奋发，又强调持之以恒，既重视时习温故，又不忽视对新知探索的思想，是很有见地的。

 ## 3. 循序而渐进，熟读而精思

朱熹一生都很重视读书，他认为"不读书则义理无由明"，认为要穷理必须读书。因为"天理"的精蕴全在圣贤的书中，因此，他认为读书是达到穷理的必经之途。

"循序而渐进"和"熟读而精思"是朱熹读书方法的两个要点。

所谓"循序"，就是说，应按照需要的缓急、书籍内容的深浅难易程度，依次去读。先读"其大而急者"，然后再读及其他；先读其浅而容易的，然后再读其艰深而难懂的。所谓"渐进"就是说，读书要一步一步地前进，不可能一下子就达到"骤进"，也不应期望于"速成"。

朱熹的"循序渐进"的读书方法，是在前人教育经验和读书经验的基础上发展完善起来的。朱熹认为读书学习与登山相似，人们都想要登上山的高处，而要登上去，就必须从低处一步一步地走上去。如果不经过低处，绝不可能一步就走到高处去。

朱熹是把读书当作一个过程来看待的，他认为读书的过程就犹如"攻坚木"一样，一定要"先其易者而后其节目"，砍伐硬木时，应先砍那容易砍的地方，后砍关节的地方，经过时间的推移，关节自会迎刃而解。他还把解决疑难问题比作"解乱绳"，那些一时半刻解决不了的问题就"姑置而徐理之"，即留待以后再逐步解决。朱熹对学习任务的完成要求十分严格，他认为学习要"谨守课程，严格要求"、"字求其训，句索其旨"、"未得乎前，不敢求其后；未通乎此，不敢忘乎彼"，要一个一个地把问题搞清楚。

朱熹认为，读书也要"量力"而行。在读书过程中，没有量的积累，没有一定时间的渐染功夫，要达到学业上的"骤进"，只能是一种不切实际的幻想。

"循序渐进"要求合理安排读书的先后次序，而"熟读精思"则要求深刻领会书中的思想。朱熹认为："大凡读书须是熟读，熟读了自精熟，精熟后理自得见。"他认为读书就如同吃果子一样，如果劈头咬开就吞下去，是不会尝出它的滋味的，只有经过细细咀嚼，才会品出它的滋味到底是甜是苦还是辛辣，这就叫"知味"。既然果子要细嚼才会尝到它的味道，那么书籍也只有熟读才会真正领略其中的深义。

朱熹的"循序渐进"和"熟读精思"思想是相互联系和相互依存的。"循序渐进"要求依照读书和认识发展的规律一步一步地去掌握知识，而"熟读精思"则要求在读书和学习的过程中，充分调动各个感知器官的积极性，既要使音形入于耳眼、声迹存留于口，更要使思考著于内心，从而获得纯熟牢固的知识。"循序渐进"是关于读书深浅次序的规定，而"熟读精思"则是对读书质量的要求。读书要在"循序渐进"的前提下"熟读精思"，而"循序渐进"的每一环节，也都需要贯穿"熟读精思"的方法。

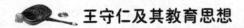 王守仁及其教育思想

王守仁，字伯安，号阳明，浙江余姚人，明中叶的著名哲学家和教育家。

王守仁生活的年代，明王朝开始由稳定转变为衰败，程朱理学也日趋僵化和空虚。王守仁认为，造成明王朝危机的原因是："士风之衰薄"和"学术之不明"，因而主张"明学术"和"变士风"。所谓"明学术"就是明人伦；所谓"变士风"就是改变"驰骛于记诵辞章，而功利得丧，分惑其心"的士风。他要培养一批以学圣贤为志的豪杰之士，以期振兴封建道德，维护封建统治。所以，王守仁于从政之余，力行教学活动。其所到之处，皆建学校，创书院，立社学，并亲自讲学，开创了明代书院之风。

王守仁的教育思想主要有以下几个方面：

 ### 1. "致良知"的学习论

王守仁说："吾平生讲学，只是'致良知'三字。"在王守仁的学说中，良知既是宇宙的本体，又是认识的本体，是道德修养的本体。"致"就是教育，"致良知"就是通过教育，使失去的"良知"在人们的思想和行动上加以恢复。

"良知说"来源于孟子，王守仁的发展在于把"良知"与"天理"联系起来了。他说："吾心之良知，即所谓天理也"、"万事万物之理，不外于吾心"。王守仁把天理看作是人心本来就有的。所以，认识不是外求，而是体验"吾心之良知"。这就和朱熹的"格物穷理"的认识论截然不同了。在王守仁看来，良知才是认识的本体。只有心正了，一切言行自然会符合封建规范。所以，良知又是道德的本体。这样，"致良知"既是认识的过程，也是道德修养的功夫。

王守仁"致良知"的学习论，包含了一些富有意义的见解：

第一，反对盲从《六经》，提倡"自知"、"自得"。王守仁认为儒家的六经，只是从不同的角度记录"吾心"而已，"吾心"才是六经之实。所以学习不能死抠典籍，不能盲从典籍，为典籍所束缚。关键要自知、自得、有自己的独立见解。因此，王守仁坚决反对当时繁琐注释的学风和驰骛于记诵词章的士习。这个观点在当时迷信四书五经的风气中，是颇为新鲜的见解。

第二，反对迷信古圣先贤，提倡"惟是之从"。王守仁认为，在"致良知"的过程中，每个人都有独立思考的权利，判断是非的能力。迷信圣人是没有道理的，以圣人是非为是非更是不应该的。王守仁的这个观点实际上否定了孔子、朱熹学说的垄断地位。他主张，一切是非都要依靠人们先天具有的良知来判断，即便是古圣先贤的言论，也是"不足为据"的。

第三，反对道学教育对个性的束缚，提倡"点化"、"解化"和"谏师"。王守仁认为，程朱理学教育严重束缚人的个性，使人不敢有丝毫自己的想法，这是违背"良知"说的。因而他主张在教育上要注重"点化"和"解化"。所谓"点化"，指教师对学生学习的指点和开导，朋友之间的砥砺和切磋。所谓"解化"，指学生发挥独立思考的能力来解决问题。王守仁认为，在"致良知"的过程中，"解化"比"点化"更为重要。他说："学问也要点化，但不如自家解化者，自一了百当。不然，亦点化许多不得。"在师生关系上，他提倡以朋友之道相待，提倡师生之间直言相谏，欢迎学生批评自己。

2. "知行合一"的道德修养现

王守仁在知和行的关系上主张"知行合一"。他的"知行合一"说包含两层意思。第一层意思是说知和行是一个功夫，不可分割。因为"知中有行"，"行中有知"。就是说，认识和行动是不可分割的。当你具有某种认识时，实际已包含了一定的行动。当你去行动时，一定具有了某种认识。第二层意思是指"知"和"行"并进，缺一不可。王守仁认为，既然知和行是一个互相渗透的过程，那就应该齐头并进。如果不知光行，则会"冥行妄作"、"懵懵懂懂"；如果光知不行，则会"茫茫荡荡"、"悬空思索"。这两层意思都是强调一个道理，那就是"知行合一"。所谓的"知"是指"知善知恶"，也就是具有封建道德意识和思想意念。所谓的"行"是指"为善去恶"，也就是加强封建道德践履和实际行动。所以王守仁讲"知行合一"，就是讲道德修养，就是强调道德认识与道德行为是不可分割的，是不可偏废的。要在道德修养上体现出"知行合一"，需要做到以下几点：

第一，"防于未萌之先，克于方萌之际"。就是说，要把不良念头克服在萌芽状态。王守仁认为，以前人们将知行分开，心中往往有邪念萌芽，却不去禁止，总以不曾行动而原谅自己。所以道德修养很重要的功夫就是"防于未萌之先"、"克于方萌之际"。这里，他把动机归结于行，等同于行，在理论上是唯心主义的。但其中也包含有一个合理因素，就是在道德修养时要随时克服不良动机的产生。

第二，"事上磨炼"、"克治实功"。就是说道德修养的功夫主要在实践。王守仁认为，学习孝道、射箭、写字的关键都在于行动，只有付诸行动才能真正学好。这里强调了道德践履和实际行动，强调了道德修养要在"事"上磨炼自己的"心"。也就是说，不要把道德修养与平时工作脱离开来，应结合自己的工作加强道德修养，这也体现了教育上的求实精神。

第三，立志与"致良知"结合，王守仁十分强调"立志"的重要性。他认为，为学、修身，以至成事，都应以"立志为本"。立志是一个知，但也包括了行。"立志为圣人，就要全神贯注，勇往直前"。如果没有志向，将百无所成，"致良知"也是一句空话。当然，王守仁所提倡的志，只有"念念要存天理"。但他强调立志对道德修养的重要性确是有很深刻的见解的。

王守仁的"知行合一"说，把整个知行观建立在先验的唯心主义基础之上，这无疑是错误的。但他在道德修养上，将"知"与"行"作统一的考察，在知与行的关系上做了深入探讨，这一点值得我们借鉴。

3. "诱"、"导"、"讽"的儿童教育论

王守仁的教育思想中最为精彩的部分是他的关于儿童教育的主张。王守仁认为，封建伦理纲常教育应从童蒙时期抓起，使青少年从小抵制邪念的干扰侵袭，受到"致良知"的正确教育。但当时教育界普遍流行的儿童教育法根本无法达到这一目的。为此，王守仁对儿童教育提出了系统的改革主张：

第一，在教育方法上，王守仁提出以"诱"、"导"、"讽"来取代"督"、"责"、"罚"，即在整个教学中，"诱之歌诗"、"导之习礼"、"讽之读书"。王守仁认为，教育儿童应从他们的特点出发，以诱导、启发、讽劝的方法，激发他们的学习兴趣，使他们"趋向鼓舞，中心喜悦"。

第二，在教学内容上，要发挥各门功课的教育作用。王守仁认为，"歌诗"、"读书"、"习礼"等课程，不能只看到其道德教育和文化教育的功能，还要注重其陶冶情感，促进身体发育的作用。

第三，在教学程序上，要动静搭配，体脑交叉。王守仁对每日功课有精心的安排：每日清晨，教师逐一询问学童在家的道德表现，然后开始正式学习；在背书、读书之后，安排"习礼"，以动荡其血脉，舒展其筋骨；在第二

次读书之后，又以歌诗结束一天的课业。这样动静搭配、体脑交叉，可以保障学童的学习活力，使其在愉悦的情绪中完成学业。

王守仁的儿童教育主张，注意到了儿童年龄特点和儿童心理特点，因而他的见解比前人更为深刻而独到，在中国古代的儿童教育理论中，是有重要价值的。

康有为及其教育思想

康有为（1858—1927年），字长素，号广厦，广东南海县人，亦称南海先生。他是戊戌变法运动的领导者，是我国近代史上向西方寻求真理的先进人物之一。1891年，康有为在长兴里设万木草堂。在此期间，完成了他的重要著作《新学伪经考》、《孔子改制考》，并继续撰写《大同书》。这些著作，也是万木草堂教学的重要内容，曾得到了他的学生梁启超等的帮助。

1895年4月，康有为赴京参加会试期间，正值甲午战后日本逼签《马关条约》。康有为激愤异常，发动参加会试的各省举人联名上书清政府，提出拒和、迁都、变法的主张，这便是有名的"公车上书"。由于顽固派的阻挠，这份奏折没有递到皇帝手里，但它却是资产阶级登上政治舞台的第一幕，康有为也因此得到了维新运动领袖的地位。

1895年8月，康有为在北京成立强学会，虽然不久后便被清政府查禁，但它却冲破了百年之罗网，解放了人们的思想，以后学会之风遍全国。

"公车上书"后不久，康有为考中进士，授工部主事职。以后他又多次上书，并且于1898年被光绪帝召见，得以在"百日维新"中推行了他的变法主张。但变法失败后，康有为的思想并未跟上时代

康有为

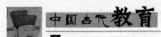
前进的步伐，逐步堕落成保皇派。

1. 论教育的作用

康有为认为，历史是变化发展的，当时中国应该由封建主义的君主专制制度向资本主义性质的君主立宪制转化，而变法则是中国社会制度转化的关键。变法之第一步在教育，他说："欲任天下之事，开中国之新世界，莫亟于教育。"他认为一个国家的强弱关键是看国民的智慧，才智之民多则国强，才智之民少则国弱。中国之所以弱，是因为人才缺乏，人才缺乏的原因是教育不发达；西方国家之所以强，是因为科学研究发达，教育普及。

在人的培养上，康有为认为，学习可以改变人的善恶，他说："人与人相去之远……全视所习。"这是继承孔子"性相近，习相远"的思想。

2. 改变科举、废八股的主张

改革科举制度，废除八股文，是康有为一贯的主张。1898年，他写《请废八股试帖楷法试士改用策论折》，批评当时的科举制度立法过严，束缚了士子的头脑，使学者学不到真才实学。他们又是全国之蒙师，"师之愚陋盲瞽既极，则全国人之闭塞愚盲益甚，是投全国人于盲瞽也，何以为国？"他还认为，当时中国之割地败兵，也由八股取士所致。

对于武试，他写《请停弓刀石武试改设兵校折》，指出中国培养和选择军事人才，还用1000多年前唐朝武则天时的"抱巨石以投人，舞大刀而相斗，鸣长镝以相惊"的旧制，无法对抗西方的洋炮洋枪，非改革不可。

鉴于上述，康有为主张文试要"立废八股"、"罢试帖"、"勿尚楷法"，以中国文学、策论、外国科学代之。武试要停止弓刀步石及旗兵弓矢，用武备学校培养人才。

为打破以科举、八股为中心的旧教育，康有为还曾力倡派游学、译西书，并写《请广译日本书派游学折》，要求清廷学习日、俄，"派游学以学欧美之政治工艺文学知识，大译其书以善其治"。

3. 兴办学校，建立资产阶级性质的教育制度

康有为认为，改科举、废八股要与兴办学校同时并行。他认为废八股好

似治病，是"去其宿疴"，但病去掉后，身体不一定很健壮，还要"培中气"，这是最积极的办法。他说兴学校就是起培中气的作用，只有遍设各学，才能才艺足用，达到救国救民的目的。

康有为曾介绍了欧、美、日、德兴学的情况，建议"远法德国，近采日本，以定学制"。具体办法是，请皇帝下诏，"遍令省、府、县、乡兴学。乡立小学，令民七岁以上皆入学，县立中学，其省府能立专门高等大学"，在北京设立京师大学堂。他还主张立海、陆、医、律、师范各专门学校。

 ### 4. 《大同书》 中的教育思想

康有为于1884年写成《大同书》，当时叫《人类公理》。康有为写成这部书后，并没发表，他的学生张伯桢说："书成，既而思大同之治，非今日所能骤行，骤行之恐适以酿乱，故秘其稿不肯以示人。"直到变法失败后，又做修改才发表。

《大同书》攻击了社会不平等现象，指出它的根源是私有财产，从而主张废除私有制，废除等级制，提出去国、去家，实行男女平等的主张。

《大同书》中的教育理想，反映了很多封建主义的教育思想，特别是对学生道德训练的要求，封建色彩还较明显。但是，康有为在书中提出了一个具有资产阶级性质的教育制度，即重视学龄前教育，主张男女教育平等，指出对儿童应实行德、智、体、美诸方面的教育等，这些都是应该肯定的。但是，在当时的社会条件下，它只不过是资产阶级改良派的美好愿望而已。

图片授权

全景网

壹图网

中华图片库

林静文化摄影部

敬　启

本书图片的编选，参阅了一些网站和公共图库。由于联系上的困难，我们与部分入选图片的作者未能取得联系，谨致深深的歉意。敬请图片原作者见到本书后，及时与我们联系，以便我们按国家有关规定支付稿酬并赠送样书。

联系邮箱：932389463@qq.com

参考书目

1. 张光奇编著. 中国红古代教育. 安徽：黄山书社. 2013

2. 孟旭编. 教苑之旅：中国古代的教育. 北京：希望出版社. 2012

3. 程舜英编著. 中国古代教育制度史料. 北京：北京师范大学出版社. 2011

4. 郭齐家著. 文明薪火赖传承——儒家文化与中国古代教育. 山东：山东教育出版社. 2011

5. 李承，宋新夫著. 中国古代科举制度价值研究. 北京：军事科学出版社. 2010

6. 路宝利著. 中国古代职业教育史. 北京：经济科学出版社. 2011

7. 朱永新著. 中国古代教育思想史. 北京：中国人民大学出版社. 2011

8. 何桂美著. 古代家庭道德教育. 北京：中国地质大学出版社. 2010

9. 孟宪承选编. 中国古代教育文选. 上海：华东师范大学出版社. 2010

10. 张传燧著. 解读中国古代教育思想. 广东：广东教育出版社. 2009

11. 杨昌洪著. 中国古代教育家思想解读. 吉林：吉林大学出版社. 2009

12. 熊庆年著. 古代科举. 北京：东方出版中心. 2008

13. 史习江著. 中国古代的教育. 吉林：吉林希望出版社. 1999

14. 孙培青，任钟印主编. 中外教育比较史纲（古代卷）. 山东：山东教育出版社. 1997

15. 毕诚著. 中国古代家庭教育. 山东：商务印书馆. 1997

中国传统民俗文化丛书

一、古代人物系列（9 本）

1. 中国古代乞丐
2. 中国古代道士
3. 中国古代名帝
4. 中国古代名将
5. 中国古代名相
6. 中国古代文人
7. 中国古代高僧
8. 中国古代太监
9. 中国古代侠士

二、古代民俗系列（8 本）

1. 中国古代民俗
2. 中国古代玩具
3. 中国古代服饰
4. 中国古代丧葬
5. 中国古代节日
6. 中国古代面具
7. 中国古代祭祀
8. 中国古代剪纸

三、古代收藏系列（16 本）

1. 中国古代金银器
2. 中国古代漆器
3. 中国古代藏书
4. 中国古代石雕

5. 中国古代雕刻
6. 中国古代书法
7. 中国古代木雕
8. 中国古代玉器
9. 中国古代青铜器
10. 中国古代瓷器
11. 中国古代钱币
12. 中国古代酒具
13. 中国古代家具
14. 中国古代陶器
15. 中国古代年画
16. 中国古代砖雕

四、古代建筑系列（12 本）

1. 中国古代建筑
2. 中国古代城墙
3. 中国古代陵墓
4. 中国古代砖瓦
5. 中国古代桥梁
6. 中国古塔
7. 中国古镇
8. 中国古代楼阁
9. 中国古都
10. 中国古代长城
11. 中国古代宫殿
12. 中国古代寺庙

五、古代科学技术系列（14本）

1. 中国古代科技
2. 中国古代农业
3. 中国古代水利
4. 中国古代医学
5. 中国古代版画
6. 中国古代养殖
7. 中国古代船舶
8. 中国古代兵器
9. 中国古代纺织与印染
10. 中国古代农具
11. 中国古代园艺
12. 中国古代天文历法
13. 中国古代印刷
14. 中国古代地理

六、古代政治经济制度系列（13本）

1. 中国古代经济
2. 中国古代科举
3. 中国古代邮驿
4. 中国古代赋税
5. 中国古代关隘
6. 中国古代交通
7. 中国古代商号
8. 中国古代官制
9. 中国古代航海
10. 中国古代贸易
11. 中国古代军队
12. 中国古代法律
13. 中国古代战争

七、古代文化系列（17本）

1. 中国古代婚姻
2. 中国古代武术
3. 中国古代城市
4. 中国古代教育
5. 中国古代家训
6. 中国古代书院
7. 中国古代典籍
8. 中国古代石窟
9. 中国古代战场
10. 中国古代礼仪
11. 中国古村落
12. 中国古代体育
13. 中国古代姓氏
14. 中国古代文房四宝
15. 中国古代饮食
16. 中国古代娱乐
17. 中国古代兵书

八、古代艺术系列（11本）

1. 中国古代艺术
2. 中国古代戏曲
3. 中国古代绘画
4. 中国古代音乐
5. 中国古代文学
6. 中国古代乐器
7. 中国古代刺绣
8. 中国古代碑刻
9. 中国古代舞蹈
10. 中国古代篆刻
11. 中国古代杂技